Eurus

Notus

川島 真
Shin Kawashima

中国のフロンティア

——揺れ動く境界から考える

Boreas

Zephyrus

岩波新書
1652

目次

ロシア
モンゴル
北京
保定
中華人民共和国
上海
ネパール
広西チュワン族自治区
雲南省
台湾
保山
昆明
南寧
広州
香港
金門島
インド
澳門(マカオ)
ミャンマー
ラオス
フィリピン
バングラデシュ
タイ
ベトナム
カンボジア
スリランカ
ブルネイ
マレーシア
シンガポール
東チモール
インドネシア
オーストラリア

中国とその周辺

序章　フロンティアから中国を考える

中国のフロンティア

「中国の世界進出」、このフレーズはまさに時代の変化の象徴であり、また警戒の現れでもある。隣国である日本は、その風波を強く感じ、それを批判的に論じてきた。中国の脆弱性は確かにあり、多くのリスクを抱えている。そして、中国とはいっても、きわめて多様であることは言うまでもない。「等身大の中国」などそもそもないのかもしれない。では、中国の輪廓はどう描かれ、その境界はどう動いているのか。その動きは外への進出というだけなのか。

本書は二〇〇八年から一三年にかけて、著者がアフリカ、東南アジア、あるいは金門島《きんもんとう》などに赴き、その現地の目線から中国を捉えようと記してきた文章をまとめたものである。この時期の中国は、まさに経済発展が進んで世界第二の経済大国へと躍進しつつあり、「中国の台頭」にいかに対処するかということが日本でも盛んに議論された時期でもあった。

二〇〇九年から一〇年にかけて中国の対外政策が強硬へと転換していったこともあって、

「中国の世界進出」は重大なこととして捉えられ、かつ批判的に見られていた。無論、習近平体制が二〇一二年に発足して数年間を経た現在では、胡錦濤政権の後半期は依然として韜光養《とうこうよう》晦《かい》(鄧小平が提唱したとされるスローガンで、対外協調政策、経済重視外交を基本的に意味する)の時期にあり、協調外交をおこなっていたように見える。だが、当時は中国の対外政策が急速に展開し、まさに中国がそのフロンティアを拡大させていっているように思えた。欧米や日本のメディアは、そうした「中国の台頭」「中国の世界進出」を批判的に、そして警戒して報じていた。無論、中国自身は自らの外交が平和的で、相手国とウィンウィンの関係にあるなどと肯定的に説明していた。著者の素朴な疑問は、実態がどのようになっていたのかということとともに、果たして揺れ動いている中国の輪廓の外縁、まさにフロンティアという現場ではどのような事態が発生し、それが現地社会でいかに受け止められていたのか、ということであった。

こうしたことを背景に、著者は共同研究のメンバーらと、マラウイ、スワジランド、南アフリカ、ザンビア、南スーダン、エチオピア、東チモールなどを訪れた。本書の第一の課題は、これらの地域を訪問して見聞きしたこと、現地の人々、そして現地の中国人から聞き取った話を基礎として、現地社会から見た中国の動きを記すことにある。

また二〇〇八年から一三年は、まさに中国の対外政策が変容する時期であったが、それには一定の抑制があった。二〇一二年に習近平政権が成立したが、一三年まではまだ対外政策を全面展開してはいなかった。このことに鑑みれば、まだ「韜光養晦・有所作為」という言葉で代表される協調政策が一定程度維持されている時期であったということもできる（有所作為は、上げられる成果は上げるということ）。この時期に、果たしてどのような動きが、中国が「進出」していたとされるフロンティアで生じていたのか。当時記した文章をもとに、この変化の過程をいま一度振り返り、中国の対外政策の変容過程を再度考察するのが本書の第二の課題である。なお、二〇一三年から一六年に至る中国の対外政策の変容過程については、拙著『二一世紀の「中華」――習近平中国と東アジア』（中央公論新社、二〇一六年）で記したところである。本書の内容と時期的に連続する姉妹編としてあわせて手にとっていただければ幸いである。

胡錦濤政権前半期の対外政策

まず、本書が主に取り上げる二〇〇八年から一三年という時期が、中国の対外政策の変容過程においていかなる位置付けにあるかという点について述べておきたい。

習近平政権の対外政策は、しばしば強硬だという評価を受けるが、必ずしも習近平政権が胡錦濤政権の政策を転換したというわけではない。胡錦濤政権の後半期からすでに変化が始まっていたのであり、習近平政権の政策も、確かに二〇一四年からいっそう強硬になったが、基本的に胡錦濤政権後半期からの政策の変容過程のひとつの帰結としてある。

胡錦濤政権は、もともと鄧小平、江沢民政権の対外政策、すなわち経済発展を重視し、国際社会と協調しようとする韜光養晦政策を継承していた。江沢民政権は、冷戦終結とソ連の崩壊という世界政治の激変、また社会主義国に与えられた試練を乗り越えるために、国内での一党独裁制の堅持と、経済発展とを政策の両輪としていた。この政策は、国際協調が基調でありながら、「有所作為」、すなわちできる範囲の外交上の成果はあげるという面もあった。

その胡錦濤は、二〇〇五年の国連演説において「和諧《わかい》世界」という概念を提起し、中国が世界のさまざまな脅威に対して諸国と協調して対処していくという姿を示した。また、同年末には『中国の和平発展の道(中国的和平発展道路)』白書(白皮書)を公表して、中国の平和的台頭を強調した。これらは中国の韜光養晦、あるいは協調外交の集大成ともいえる演説および白書であり、中国が世界秩序に協調していく姿を示したものであった。アメリカをはじめ国際社会も中国のこのような姿勢を基本的に歓迎したであろう。

胡錦濤政権後半期の変容

だが、その政策は次第に変容していくことになった。二〇〇六―〇八年には「韜光養晦」というスローガンにも一定の調整が加えられ、協調優先ではなく、「有所作為」、つまり成果をあげることのほうに重点を置く方向へと調整されていった。次第に自信を深め、自己認識も変容しつつあった中国において、経済発展を重視し、何よりも対外協調を重視する韜光養晦への疑義が出されていったのである。国力にふさわしい対外政策をとるべきだ、協調よりも国益優先だというのがそうした疑義の背景にあった。

だが、現在から振り返れば、少なくとも二〇〇八年くらいまでは調整期であり、まだまだ国際協調を重視する意見が中国の中で一定の勢力を有していたものと思われる。第一次安倍政権から福田政権にかけて、中国政府は日本との関係改善を重視し、戦略的互恵関係として再定義しただけでなく、二〇〇七年四月の温家宝総理の日本の国会での演説に見られるように、中国首脳部は日本の歴史認識問題への取り組みなどにも高い評価をしたのであった。中国政府は、領土問題や歴史認識問題において国内からの突き上げを受けながら、依然として日本との経済関係を重視する姿勢をとろうとしていたものと思われる。しかし、二〇〇八年には日中の首脳会談が一〇回以上おこなわれたものの、同年一二月八日、中国の公船が初めて尖閣諸島の領海に侵入、二〇〇九年からは、主に海洋政策の面で、中国の対外政策は主権や安全保障を重視する強硬路線へと転換していった。

二〇〇八年の北京オリンピック、二〇〇九年の建国六〇周年、二〇一〇年の上海万博を終えた中国は、二〇一〇年には日本を抜いて世界第二位の経済大国へと躍進した。中国政府は次第に自信を深めていき、また国民レベルでもある種の高揚感があった時期であろう。だが、何よりも中国の自己認識を変えたのは、二〇〇八年秋に生じたリーマン・ショックではなかったか。アメリカ経済、世界経済の混迷をよそに、中国は四川大地震の復興経費とあわせ、六〇兆円規模の大型予算を組んで事態に対応しようとした。リーマン・ショック以後の中国の動きは、まさに「新興国」が世界経済で果たす役割の大きさを印象付け、もはやG7の時代ではなく、これからはG20あるいはBRICsの時代だとの言論が広まることになったのだった。この時期、中国は強力な経済力を盾とし、また多国間の経済協力枠組みを重視しながらも、主権や安全保障の面では強硬な姿勢を取り出したのである。だが、胡錦濤政権はまだ「韜光養晦」という言葉を用い続けた。二〇〇九年一一月、オバマ大統領が提案したとされる、世界政治を米中二大国で主導せんとするG2論を温家宝総理は断ったといわれている。中国はまだ途上国で、そうした責任は負えない、ということもあったのかもしれない。

こうした点で、現在の習近平政権と比較すれば、二〇〇九年以降も従来からの経済重視の対外政策が依然として一定程度維持されていたといえるだろう。だが同時に、二〇〇九年からの中国は、南シナ海問題、東シナ海での漁船衝突問題、劉暁波のノーベル平和賞受賞、COP15など、さまざまな局面で従来とは異なり、強硬な姿勢を見せるようになった。本書が扱う二〇〇八年からの時期はまさに中国が対外姿勢を次第に強硬にしていった時期にあたる。のちの習近平政権、とりわけその二〇一四年以後の強硬政策から見れば、胡錦濤政権後半期の対外政策は「過渡期」にあったと見ることもできるだろう。海洋進出の面でも、南シナ海の島嶼領有について、埋め立てや基地建設といったことまでには胡錦濤政権は踏み出さなかったのである。

習近平政権の対外政策

二〇一二年秋、中国で習近平政権が誕生するが、その直前の九月、日本政府が尖閣諸島の幾つかの島を購入して国有地とした。中国側は、日本の一部メディアがこれを「国有化」と表現したことを利用しながら、日本が現状維持を変更したと、きわめて強く抗議した。ナショナリズムが強まった状況の下で、習近平政権は保守派の支持を得ながら成立し、日本に対してもきわめて厳しい姿勢をとることになった。

習近平政権は、基本的に胡錦濤政権後半期の対外政策を継承した。特に本書で扱う二〇一三年までの習政権の初期であれば、なおさら過渡期としての性格が強い。だが、この初期にあっても、胡錦濤政権後半期と習近平政権の間の相違は見られた。胡錦濤政権は後半期に入っても依然として「韜光養晦」というスローガンを使用し続けた。だが、習近平政権はもはやこのスローガンを使用していないし、南シナ海の事例に見られるように、その海洋進出はいっそう強硬になり、主権や領土問題で中国が譲歩する可能性はきわめて低くなった。このような変化のほかにも、両政権の間の相違点としては以下のような幾つかの点が挙げられよう。

第一に、習近平政権は明確に世界第二位の経済大国として、アメリカに次ぐ存在としての自己認識をもち、「大国としての責任」を果たすことを目指そうとしたという点がある。国際社会での発言権を増していこうとする中国の姿は、すでに胡錦濤の時期の平和的な発展、平和的台頭といった姿勢にも見られていた。だが、習近平政権発足以後、中国は大国としての意識をいっそう明確にもつようになり、グローバル・ガバナンスの各領域での制度形成過程に積極的に関与し、主にアジアやユーラシアにおいて国際公共財を提供する方向に転換しようとしていた。二〇一三年に習が提唱したAIIB（アジアインフラ投資銀行）はその一例である。胡錦濤・温家宝政権では躊躇されたG2論についても、二〇一三年六月のカリフォルニアでの米中首脳会談に見られるように、習近平政権はそれを受容しようとしていたようにさえ見える。「新型大国間関係」という言葉がその新たな米中関係のあり方を示している。だが、アメリカのオバマ政権は習近平政権に対してG2論を提起していない。オバマ政権も中国の対外政策の変容を見て取ったのだと思われる。

第二に、習近平政権は胡錦濤政権が進めた「周辺外交」を昇華させ、二〇一三年秋に陸上と海上のシルクロード構想を提起した点がある。これは、一帯一路構想として結実していくことになった。また、同じく二〇一三年秋には習近平が前述のAIIB構想を掲げるなど、中国の経済力が圧倒的影響力をもつ、中国とその周辺諸国で形成される空間で、国際公共財を提供しようとしている。ASEAN(東南アジア諸国連合)や日中韓、そしてSCO(上海協力機構)との協力、協調などを周辺外交のひとつの基軸としていた胡錦濤政権の時代と異なり、中国が主導するアジアを想定するようになった、ということである。

二〇一四年五月末から六月初旬のシンガポールでのシャングリラ会合(アジア安全保障会議)での中国代表の言動や、アジア新安全保障観という問題提起に見られるように、安全保障の面でも中国は「アジア」について語り、その「アジア」を主導する姿勢を明確に示しつつある。従来、アジアのイメージは、日本やオーストラリア、あるいは韓国が語ってきた。それに対して、中国が「アジア」を語り出したのだ。これは中国が主権や安全保障の面で強硬な姿勢を示していることとパラレルに進行している。中国は、グローバルには協調姿勢を見せる面もあるが、主権や安全保障で問題を抱える自らの周辺、すなわち東アジア、西太平洋、東ユーラシアの空間では、主導性をもつ空間を築こうとしているように見える。このような方向付けは、二〇一四年あたりからいっそう顕著になる。

中国が「大国」として、政策としても、また企業活動や個々人の生活活動としてもグローバルに拡大し、東アジア地域を中心に浸透を深めると、それにともない中国国内でもさまざまな変容が見られる。本書ではそのような国内外での変容の最前線を「フロンティア」と位置付けている。そのフロンティアの現場から、「過渡期」にあったと思われる二〇〇八年から一三年の中国の対外政策の変容を見ること、それが本書の目的である。

では、本書で取り上げる各「フロンティア」の事例は中国の空間的な広がりの中ではいかに位置付けられるだろうか。

中国と世界秩序

中国のいわゆる世界進出、世界展開が既存の秩序にいかなる影響をもたらすのか、盛んに議論されている。英語のメディアでは中国の世界進出に警戒的、批判的な論調が少なくないが、中国語のメディアでは当然肯定的な論調が多く見られる。日本語では前者が多いだろう。

二〇一三年より前ならば、アメリカの論者などには、中国はグローバル化の下で経済発展をしてきたのであり、既存の世界秩序から恩恵を受けてきたのだから、直ちに世界秩序の挑戦者になることはない、とする向きが多かった。なかには、中国は挑戦者だとする議論もあったが、当面はその能力はないとするのが大勢を占めていたであろう。あるいは、アメリカとその同盟国の国力を総合すれば、中国は挑戦を諦めるだろうという見方もあった。だが、当時から、著者はこうした議論にやや疑義を有しており、中国と世界秩序との関係については以下のように考えていた。

第一に、確かに中国はグローバル化の下で経済発展をしてきたのであり、既存の秩序の受益者でもあるのだが、それは中国が自らにとって有利、あるいは利益を得られると感じる秩序や枠組みに対しては、反対しないということである。核をめぐるNPT(核兵器不拡散条約)体制、東アジアなら六者協議などがそれにあたる。

第二に、中国は自らを発展途上国と位置付け、既存の秩序は基本的に西側先進国が作ってきたと考えている。だからこそ、中国は既存の秩序、枠組みの中に入りながら、自らを発展途上国である「修正主義者」と位置付け、(中国から見て)不公正、不公平な部分を修正していく、としている。そして、そのためにも中国系のスタッフを多く国際機関や組織に戦略的に送り込み、ルール作りの場、修正の場に立ち会わせようとしているのだ。WTO(世界貿易機関)、IMF(国際通貨基金)、WHO(世界保健機関)、ADB(アジア開発銀行)など、さまざまな場で中国はこのように振る舞っているのであろう。

第三に、中国は特に自らに不利になると認識している秩序や枠組みに対しては、否定的な態度をとるか、あるいはそこに加わろうとはしないだろう。OECD(経済協力開発機構)、G7、そして環境問題の枠組みなどがそれである。

グローバルな空間と東アジア

このように、中国と世界秩序は完全に協調的であるわけでも、完全に対立的であるわけでもない。時と場合によって判断している、ということである。その判断のひとつの基準は中国にとっての国益である。それによって上記の三つの類型ができているともいえる。だが、その国益の判断は、中国なりの認識(パーセプション)に基づいている。欧米や日本から中国を見て、もし自らが中国であったら、と立場を置き換えて考えてみたとしても、直ちに首肯できるような判断を中国がしているとは限らない。合理的判断、現実的判断とはいっても解は複数あるし、中国国内の状況も重要だ。この点は中国に寄り添って理解することが必要になろう。

中国と世界秩序を考える場合、いまひとつ重要な論点がある。それは、世界と東アジアという地域の問題である。胡錦濤政権期の後半から、中国は特に主権や安全保障を重視し始めたが、これらの問題は基本的に中国の周辺に存在している。

上述の通り、中国が強硬な路線をとるのは、特に主権や安全保障にまつわる領域である。それだけに、中国の周辺領域では摩擦を生みやすいし、その領域でこそ中国は主導性を得ようと対外政策の舵を切った。逆にいえば、グローバルな空間を見渡した場合、欧州、アフリカ、アメリカなどと、中国は主権や安全保障をめぐる直接的な問題を有していないということになる。それだけに、中国はそうした空間で協調関係を得やすくなる。

そうした意味で、中国はグローバルな空間では各国と協調関係を築きやすく、周辺領域では逆に強硬姿勢となり、協調というよりも、むしろパワーに頼る対外姿勢をとり、経済力と軍事力をもって、自らの主導する空間を作ろうとしているということになる。これは前述のような世界秩序への中国の対応をめぐる三類型とともに考慮すべき、中国の対外姿勢の空間的な相違である。

東アジアにおける中国の影響力

では、中国が影響力を強める東アジアでは何が生じているのか。二〇〇二年の南シナ海行動宣言では、中国側は領土問題を事実上棚上げしてまで、ASEAN諸国との経済関係を重視する姿勢を示したが、胡錦濤政権後半期にはそうした傾向が見られなくなった。その際、中国は経済や非伝統的な安全保障領域においては、ASEANや日中韓、あるいは「東アジア」などの枠組みを重視しているものの、政治外交、そして伝統的な安全保障領域の問題では、東南アジア各国との二国間関係を重視する傾向を強めている。領土問題などで、中国と問題を抱える国々が連帯することを防ぐのがその目的であろう。

次に、東アジアにおける経済の面で中国の影響力が急速に強まり、各国・地域の経済面での「中国依存」がいっそう強まっていることも看過できない。だが、中国と主権や安全保障問題を抱えている国々を中心として、各国の国民感情は中国に対して批判的になり、「反中感情」は高まりつつある。そのため、中国といかに関わるか、ということが各国共通の内政の課題になったのである。

内政・外政をめぐって中国といかに関わるのかということが大きな課題になる中で、時と場合に応じて、周辺諸国の中国への姿勢はばらつきを見せ始めている。そのために、ＡＳＥＡＮ内部で南シナ海問題に対する態度が一致しなかった。また、東北アジアでも、二〇一五年後半までは日韓で対中姿勢が大きく異なっていた。

中国の隣接地域で生じていること

中国の隣接地域では、その影響が直接的に強まっている。まず、東南アジアの大陸部である。中国西南部の雲南省や広西チュワン族自治区から多くの貿易商が国境を越えて東南アジア大陸部になだれ込んでいる。留学生もまた多く東南アジアに向かった。一九九〇年代を通じて中国がおこなってきた陸の国境問題の解決は、こうした国境をまたぐ貿易の進展に大きな効果を発揮している。

また、香港などの一国二制度の適用空間、そして台湾への中国からの圧力も強まっている。香港では、一九九七年の返還当時の政治体制が五〇年は維持されるはずであったところ、次第に圧力が高まり、最低限保障されていたはずの「自由」が危機にさらされた。二〇一四年の「雨傘運動」はそれへの抵抗とも見て取れる。台湾で同じく二〇一四年に発生した「ひまわり学生運動」もまた中国との関係の中で生じた面がある。その台湾の中国への最前線に位置する金門島（厦門《アモイ》の対岸）や馬祖島《ばそとう》（福州の対岸）では、一九九〇年代までには考えられなかったような大きな変化が起き始めている。中国のフロンティアは、華人圏にも存在しているのであり、そこでも大きな変化が生じている。まるで、かつての境界が溶解しているようでもある。

中国の世界進出と「等身大の中国」？

このように見ていくと、グローバル大に広がる中国のフロンティアと、東アジアでのフロンティアとが揺れ動きながら連動しているのではないか、ということに気づかされる。そして、その双方のフロンティアの揺れ動き方は、前者が比較的協調的であるのに対して、後者は比較的硬く、また物量的に大きなものだといえるだろう。

このように中国のいわゆる世界進出を捉えることはきわめて難しい。一般に、中国を見る上でよくいわれるのが「等身大の中国」を見るようにということだ。だが、これは至難の業だ。なぜなら、その「等身大の中国」なるものが何かということを誰も知らないからであり、自分に見えているその中国が等身大なのか、それとも過大／過小評価、あるいは部分的なのか、なかなか判断がつかないからである。

また、「等身大の中国」を見ることが難しい理由は、その「中国」なるものが、上述のように、相当に動的、つまりひとつところに同じような格好をして鎮座してくれているわけではない、ということにもある。そもそもどこからどこまでが「中国」なのかということもある。アフリカ各地に中国人農場が出現するなど、「中国人」の動きもまたきわめて活発である。

そうした意味では「等身大の中国」なるものを想定して、それに近づく努力をすることも必要かもしれないが、いまその躍動する、動的な「中国」を運動体として理解するという手法もあろう。本書では、その揺れ動く中国のフロンティアの「へり」がどうなっているのか、世界進出などといわれ、世界各地に出現する「中国」や「中国人」がどのようにそのフロンティアに立ち現れているのか、といった点に対する強い関心に基づいている。

現場から中国を見る

このように中国のグローバル化であるとか、中国の台頭といったことについて記していると、中国の積極性であるとか、あるいは官民一体となった戦略などが想起されるだろう。だが、それほど精緻に中国の戦略なるものができあがっているのか、また碁盤に石を置くように深謀遠慮があるのか、そしてしばしば「したたか」などといわれる中国の対外政策が――著者は中国外交史を研究していて「したたか」という言葉で中国外交を特徴付けることはしたことがないが――、本当にそうなのか、改めて検証しなければならないだろう。中国をめぐるさまざまな表象は果たしてそれほど系統だって編まれたものか、ということである。

また、一般に脅威としての中国、既存の秩序に挑戦する中国というイメージの下での語りがあり、他方で中国自身が展開するきわめて自己肯定的な説明がある点にも強い疑問を感じる。中国と世界の関わりをめぐる言説が、肯定と否定の二分論的に引き裂かれている状態は必ずしも実態を踏まえているとは言い難いであろう。中国の世界進出であるとか、拡大であるとかいわれる現象の「現場＝フロンティア」で果たして何が生じているのか、そして中国の拡大とされる現象を受け入れる相手国側の目線はどのようになっているのか、そういったことを改めてフロンティアに身を置いて考えてみたい、ということである。

本書は中国の世界進出に警鐘を鳴らすとか、その脅威を指摘するものではない。むしろ、中国のフロンティアに立つとともに、中国の進出を受けているとされる、その進出の対象や、あるいは、そこにある／いる中国や中国からきた人々に寄り添いながら中国の姿を見る、という視点を可能な限りとっている。

自らの専門が中国であるので、中国の観点にひきずられがちになることもあろうし、また言語の制約などから、その対象に寄り添うことが十分にできているわけではないだろう。その点、アフリカ研究や東南アジア研究から見て、誤謬や勘違いもあるかもしれない。だが、その場まで出かけていき、その場で中国を見ることで、北京発の言説からも、また英語や日本語の言説からも可能な限り離れようと考えた。本書が、少しでも読者の中国理解の糧となれば幸いである。

第Ⅰ部

アフリカの中国人,
中国のアフリカ人

「中国の台頭」を論じるとき、しばしばそのアフリカへの進出が話題になる。中国とアフリカとの関係を見る場合、中国が五〇を超える国々を満遍なく重視して、国際連合での票稼ぎをしようとする面もあるが、いくつかの面でのプライオリティをつけて、アフリカの国々を見ているともいえる。

まずは資源重視の姿勢だ。アンゴラ、ナイジェリア、南スーダンなど、産油国を中国は重視してきた。ザンビアなどの鉱産国も同様だ。次に地域大国を中国は重んじる。アフリカ全体の国際会議の中心になりつつあるエチオピアは言うまでもなく、南部アフリカでは南アフリカやザンビアとの関係を強化してきた。アフリカ内部の諸地域の地域大国を重視しているのだ。これは中国が地域ごとの国際政治に注目し、そこの対立や力学を利用して外交を展開しようとすることの現れでもある。そして、軍事安全保障も重要な要素だ。ジブチでの海軍基地建設などはその現れであるし、今後この要素はいっそう強まるだろう。最後にタンザニアなどとの間にある伝統的な関係も看過できない。こういった多様な要素が折り重なって中国の対アフリカ政策は作られているのだと思われる。

だが、問題となるのは、そもそも中国がアフリカに「進出」するのは中国側の要因だけで説明できるのかということである。アフリカから中国はどのように見えているのか、そしてアフリカはなぜ中国を受け入れるのか、ということもあるのではないか。また、中国の進出なるものは、中国政府の政策だけで説明がつくのか、それとも、現象としては官民一体となっておこなわれているように見えるものの、人々と政府は本当に一体となって動いているのか。そして、中国とアフリカとの関係は、アフリカだけが舞台なのか。中国で展開する中国―アフリカ関係はないのか。疑問はつきない。

エチオピアのアディスアベバのアフリカ連合本部．中国の支援で建設された（2013 年 4 月，著者撮影）．

こういった課題を踏まえ、第一章ではアフリカに出現したとされる中国人農業移民の村、保定村をめぐる言説について扱う。第二章では、アフリカから中国への動きを見るべく、広州のアフリカ人コミュニティについて紹介する。第三章では、政府の政策と企業や人々を結びつけるひとつのメディアとしての『非洲（アフリカ）』という雑誌について述べたい。

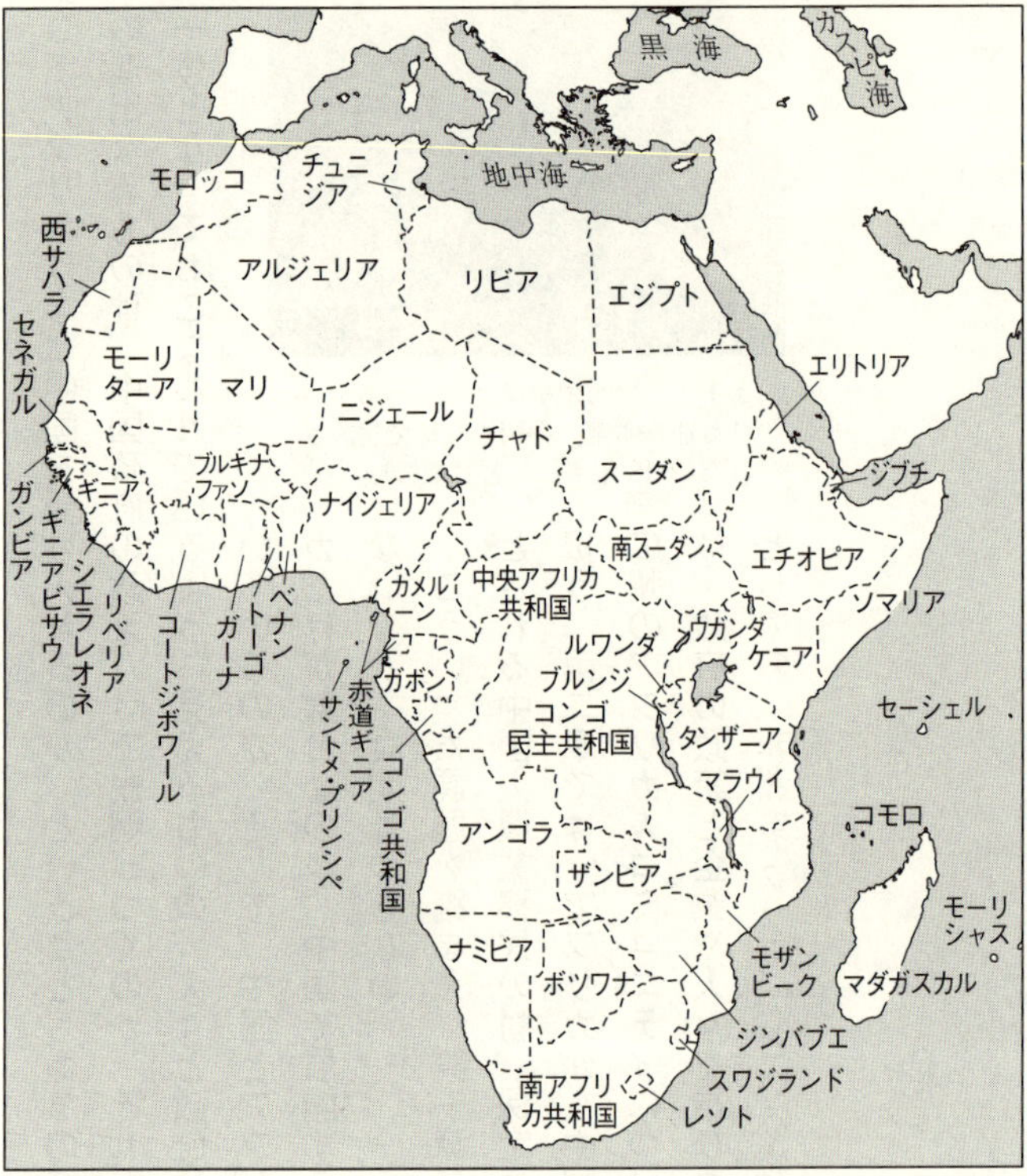
黒 海
カスピ海
地中海
モロッコ
チュニジア
西サハラ
アルジェリア
リビア
エジプト
モーリタニア
マリ
セネガル
ニジェール
チャド
エリトリア
スーダン
ジブチ
ブルキナファソ
ギニア
ガンビア
ナイジェリア
ギニアビサウ
南スーダン
エチオピア
シエラレオネ
リベリア
コートジボワール
ガーナ
トーゴ
ベナン
カメルーン
中央アフリカ共和国
ソマリア
ウガンダ
ルワンダ
ケニア
赤道ギニア
サントメ・プリンシペ
ガボン
ブルンジ
コンゴ民主共和国
セーシェル
タンザニア
コンゴ共和国
マラウイ
コモロ
アンゴラ
ザンビア
モーリシャス
モザンビーク
マダガスカル
ナミビア
ボツワナ
ジンバブエ
スワジランド
南アフリカ共和国
レソト

アフリカ大陸

第一章　アフリカの「保定村」物語——中国人農業移民

中国の世界進出が話題になるとき、それは政府の対外政策だけでなく、企業や中国人の世界進出もセットになっていることが多い。そこには、国から企業、個人までが一丸となり、またそれが政府や党に統率されるという中国の世界進出のイメージがあるのかもしれない。実際、中国の世界進出を実感するのは、アフリカでもどこでも漢字が記された重機が建設現場で動き、建物に入ると中国語の書かれた消火栓があるのを見たときかもしれない。確かに世界の各地を旅行していると、どこでも中国語が聞こえてくる。「走出去(外に出ていく)」というスローガンにも見られるように、中国政府自身も中国人が世界に拡大していくことを歓迎していた。

著者が「中国のフロンティア」を歩くにあたり、中国人の世界展開に関わる調査対象としてまず関心をもったのは、中国河北省の保定という地名を冠した、アフリカの〝保定村〟にまつわる物語であった。これは、ジョンズ・ホプキンス大学のデボラ・ブローティガムがアフリカでの中国の存在について記した『ドラゴンの贈り物』(1)でも言及された物語である。

「保定村」の出現

著者が初めて保定村という言葉を目にしたのは、ジャーナリストの莫邦富の二〇〇九年の文章であった。[2] 保定というのは、北京に近い河北省の内陸の都市名である。莫は、すでに世界に流布していた保定村の物語を日本語で紹介していた。その概要は次のようなものである。

国営企業が受注したダム建設の工事のために、ザンビアを訪れた保定市の出稼ぎ農民一一〇人が、工事終了後も中国に帰らず、ザンビアでは高価な野菜の栽培と販売を始めた。それが「保定村」の始まりだ。これらの先行者を見習って、保定市の農民たちが積極的にグループを作り、海外に移住して暮らしながら農業を中心にビジネスを始めた。二〇〇八年の時点で、海外に一万六〇〇〇人が移住し、すでに四八の「保定村」がある。そのうち、アフリカにある「保定村」は二八だ。これらの「保定村」は、いずれも移住先の国と土地借用協定を結び、警備などでも政府の強力なバックアップを受けて運営されている。現地の就職口を増やしたことで、現在のところ住民との大きな衝突は起きていない。人口の割に耕作のできる土地が案外少ない中国では、さらに多くの農民が「保定村」の道を歩むのではないか。およそ、こういった内容である。

莫はアフリカで見てきた話をしているのではない。中国語のネット空間での言説をソースにしていたのだと思う。実際、この時期、多くの保定村をめぐる言論が中国のネットに流布していた。

二〇〇六年八月一日の人民網にも、「中国農民非洲広建〝保定村〟」という『中国工商時報』原掲の記事が転載され[3]、また中国中央電視台（CCTV）も二〇〇七年に保定村を紹介し、さらに二〇〇八年一二月二九日には英字紙のインディペンデントまでもが保定村を紹介したのであった[4]。この保定村の言説は二〇〇三年にはすでに出現しており、それが胡錦濤政権の後半期になって急速に広まったものと思われる[5]。

劉建軍という存在

一連の報道にはそれぞれ差異もあるが、次のような多くの共通点があった。①国内で行き場を失った貧困農民が海外で一気に豊かになるという「成功物語」と、その斡旋業者たちの成功、②移民先にはモンゴルなどもあるが、基本的にアフリカが中心であること、また対外援助プロジェクトが終了しても現地に残っている中国人たちのコミュニティが受け皿となって彼らを迎えていること、③中国のメディアにおける、希少かつ具体的なアフリカ情報のひとつであったこと、そして④〝官〟の与えるお墨付きが含まれるなど、何かしらの信用付与が与えられていることなどであった。そして、⑤これは莫の文章では見られなかったが、さまざまな報道で移民事業の創建者として登場するのが、河北省保定市対外貿易局局長であったとされる劉建軍という人物であった。

この劉という人物については、インディペンデント紙などでアフリカの民族衣装を身にまとった写真が掲載され、現地社会で一定の称号を得ていることも紹介されている。彼をめぐる話もだいたい各報道で共通している。一九九八年に河北省保定市対外貿易局局長であった劉を代表とする一団がザンビアを訪問したところ、中国大使館の友人が劉局長を訪ね、援助プログラムでやってきた保定村出身の農民が帰国しようとしなかったため発生した、在留資格をめぐるトラブルについて相談したという。そこで、劉局長がそのトラブルが生じた村までタクシーを走らせると、そこで懐かしい保定語を耳にした。劉局長は、何とかその農民のために在留資格を得てやり、そのときはそれで帰国した。その後、劉局長がふたたびザンビアを来訪した際に、その農民が豊かな生活を送っているのを見て、「保定村」モデルを思いつき、帰国してから希望者を募った。当初、希望者はいなかったものの、やがて応募者が出始め、以後数十の保定村が誕生した、というのである。つまり、中国からアフリカに移民した農民が現地で成功していること、その中国人たちが一定の人口のいる集落、つまり「村」をなしているというのである。

もちろん、中国社会内部でもこのモデルに対して真偽を疑うような言論が少なからず見られる。だが、それでも二〇一〇年にこのモデルを推奨するシンポジウムが北京で開かれるなど、その真偽は別にして、少なくとも当時は生きた「物語」として存在していた。

大使館と現地の中国人社会

二〇〇九年三月、ザンビアの首都ルサカおよびその周辺に出かけた。ザンビアと中国は、中国の支援で建設された、タンザニアとザンビアを結ぶタンザン鉄道に象徴されるように、伝統的な友好関係にある。また、銅を産するコッパーベルト地帯と首都ルサカ地方を中心に、数千人の中国人コミュニティがあるとされていた。銅価格が下落すると中国企業は関与の度合いを下げるが、それでも現地に開発区を設けて、銅の精錬や銅製品の生産をおこなうなどして、資源略奪に関する批判をかわす努力を中国はしているとのことであった。また、現地の中国銀行、中国大使館商務参事処、中華商会などへの聞き取りをおこなううち、ザンビアには大小さまざまな規模の中国人の経営する農場が二〇以上存在し、モング(Mongu)には水稲農場まであるとの話を耳にした。そして、ルサカ近郊では中国人コミュニティ向けに個別販売される農作物や、火曜市場(Tuesday Market)で売られる中国野菜を生産する農場があることが判明した。だが、劉建軍その人を知っているという、河北省から派遣されている大使館員を含め、誰もルサカ周辺での〝保定村〟の存在を肯定することはなかった。そして、ルサカ近郊に保定市出身者のコミュニティがあるという話もなかった。

こうした農場のことなど、現地の中国人社会の情報をより正確に、かつ全体を把握していたのは、必ずしも大使館関係者ではなく、中華商会の幹部である、現地在住数十年の華人であった。この大変複雑な経歴をもつ人物は、現地でアフリカ人コミュニティの〝王子〟としての称号を得ており、選挙のときなどには、実際にそのコミュニティの人々の投票行動に対して影響力があるのだと自負している。保定村の物語に現れる劉局長も、〝(名誉)酋長〟という現地での称号を有していると取材に対して述べており、こうした点は共通していた。その〝王子〟は、大使館員の家族や中国人たちの現地の人々とのトラブル処理でも能力を発揮していた。

少なくともこのときの調査、あるいは他のアフリカ諸国での調査でも、数年でスタッフが入れ替わる中国大使館は、必ずしも現地の農業移民を含む華僑や華人社会を直接管理したり、組織化したりする状態にはないように見受けられた。もちろん、リビアでの政治変動の際の引き揚げや、日本での東日本大震災に際してなど、政治の混乱や大災害に際しての中国人の避難が中国の在外公館の重要な任務になっているように、各在外公館も現地の中国人の把握に努めてはいるのだが、それでも現地の中国人社会と大使館との間には一定の距離があり、やはり両者を仲介する華僑組織なり、特定の個人なりが重要な役割を果たしていた。

ルサカ郊外の中国人経営農園

その〝王子〟の紹介によって、ルサカ郊外の、中国人の経営する農場のひとつで調査をおこなうことができた。その農場の経営者は、河南省鄭州から二〇年前に移民してきた中国人農民であった。援助プロジェクトでザンビアにきて、その後住み着いた知り合いを頼って、中国野菜の種子をもってやってきたという。その経営者は、土地を所有してはおらず、実質的な使用権を得ていた。現地社会との土地をめぐるトラブルは、あまり見られないという。農地は一二〇ムー(ほぼ八ヘクタール)あり、もちろん一人っ子政策が適用されるはずはなく、家族は七人いる。衛星受信でCCTVを見ながらも、子どもたちは

ルサカ郊外の中国人経営農園．簡単な放水機が置かれていることがわかる(2009年3月，著者撮影)．

現地のインターナショナル・スクールに通うなど教育機会に恵まれ、一人でも欧米に留学してくれればと話す。また、二〇人の男性労働者と二人の女性の家事労働者を雇用していた。栽培している野菜の大半は冬瓜やピーマン、大根などの中国野菜で、また養豚も営み、その農場を訪れる顧客への販売とともに、火曜市場での販売もおこなっていた。その生活は、移民前には考えられないほど、豊かなものだという。

その農場経営者によれば、ルサカ周辺には中国人の野菜農場が五つあり、ザンビア全体では一二〇ヘクタールクラスの大型農場(トウモロコシ、米)などが一五もあるという。また、出身地別に見ると、江西、河南、甘粛などの出身者が多く、保定出身者は聞いたことがない、とのことであった。

「保定村」物語

ザンビアで調査した限り、「保定村」の存在は確認できなかった。人によっては、「保定村」なるものがあるとの話を知ってはいたが、誰もその実在を確認していないようであった。二〇〇九年の段階ですでに「非洲之窓」などといったサイトで議論されていたように、この話は劉建軍局長が創り上げ、政府やメディアが便乗することで事実であるかのように仕立てられた

「物語」である可能性が高いと、この段階でも思われた。中国でも、次第にこの話は創られた物語であり、政府やメディアが便乗してできあがった宣伝だということが、少なくとも専門家の間では理解されていった。だが、それでもなお一定の伝播力はあり、繰り返し似たような話が現在もメディアに現れている。

しかし、この物語を「虚」なるものとして、あるいは宣伝だとして排除するのは適切ではないだろう。考えるべきは、このような話が「物語」として成立し、人口に膾炙したのにはそれだけの理由があったのではないか、ということである。

指摘すべきは、中国の農村部の閉塞状況を打破すべく、援助プロジェクトなどですでにアフリカにきていた人がおり、そうした人々を頼って中国の農民が移民し、そこで農業を営むことで富と成功を得る、という構図が、確かにアフリカにある、ということである。それが保定村と呼ばれなくても、そのような話はあるということだろう。このルサカ以外にも、中国の援助プロジェクトがあ

農場の黒板には野菜，米，豆類，豚肉などのリストと値段が記されていた．野菜などの種はカバンにいれて持ち込んだという（2009 年 3 月，ルサカ郊外で著者撮影）．

ったり、中国企業が進出しているところでは、中国農民が移民して中国野菜を作って中国レストランに供給していたり、また中国の国有企業が自ら農場を経営して、援助プロジェクトで連れてきている労働者に供しているという例もあった。

こうした農業移民の出身地は保定ではないだろう。だが、多くは、河南や江西など、経済発展からやや取り残された地域であった。中国の農村における人口圧力と、都市への移動などをめぐる不自由さ、農作物販売価格の低さと生活水準向上の機会の限界など、農村の閉塞感を打破するために、まさに海外に機会を求めて移動していく決断をしたのである。彼らはまさに「洋挿隊」となって、アフリカであれ海外に出ていくことを決断した人々だった。

また、劉のように〝酋長〟とか、著者が出会った〝王子〟などといった称号をもって、現地社会との媒介役となり、それを対外的にも強調する存在もまた重要なのだろう。彼らの存在があってこそ、中国人社会と現地社会とが接点をもち、また中国大使館と中国人社会とが媒介され、そこで信用供与や保障の問題が処理、解決されているのではないかと思われる。一部の物語では、農業移民に対して政府や大使館が介在して保障を与えるような挿話が埋め込まれていたが、実際にはそのような政府の動きは確認されなかった。むしろ、現地社会と密接な関係をもつ華人の存在があった。実は劉のまとっていた現地の衣服や称号も、現地社会とのつながりを示す符号としての側面があったのであり、保定村の物語にも官による信用供与以外の側面が折り込まれていたといえるだろう。

保定村をめぐる物語は、それ自体「虚」であったかもしれないが、それが信じられるだけの、あるいはもしかしたらいつの間にか「実」であると言いくるめられてしまうような、類似した事例が少なからず見られたのだろうし、だからこそある程度信じられたのだろう。このように、一定程度「実」に即した物語作りがされ、〝ありそうな〟話に仕立て上げられている点が興味深い。

複数の中国

中国から世界を目指して移動する人々は、アメリカを目指すハイテク技術者や、ドバイを目指す商人、あるいは世界各地の建築現場を目指す労働者だけではない。農民もまた、農業という身に付けた職業をもって世界を目指し、時に成功を手にするのである。すなわち、現在の中国はどの地域からも、そしてどの階層からも、世界に向かう契機があるといえよう。だが、外から見ると、そうしたさまざまな動きの総体が、一体化した中国の拡大として見えることになる。そうした動きを支えるのは、たとえばある国が中国人へのビザ発給を緩和すると、中国人

アフリカ各地にこのような中国人農場が見られた．現地の中国の人々に中国の食材を提供している（2013年3月，南スーダン・ジュバにて著者撮影）．

移民が雪崩を打ってその国に流れ込むように、ヒトの移動をとりまく政策、そして政府の対外援助プロジェクトがさまざまな移動の契機を作り出すことも確かである。特に、胡錦濤政権の後半期には中国人の海外進出が奨励された面があり、こうした動きが活発になった。

だが、政策だけで中国の人々の動きが説明できるわけではない。個々人や企業の思惑、また何かしらの契機が必要だ。それだけに、こうしたヒトの移動を推し進めた民間の人的紐帯や縁、金銭、さらにはそうした民間の動きに目を付けたブローカーとしての政府の斡旋も看過できない。そして、まさに「保定村」物語がそうであったように、評判や（作為的に創作された）口コミ情報などのソフトも、ヒトの流れを支えている要素であった。

胡錦濤政権の時代にさまざまなスローガンが変わったり、領土問題などで強硬な面が生じてきていたのは確かであるし、中国のアフリカ進出が「問題」として取り上げられたりし始めた時期であったのも確かだ。だが、本章で紹介した「保定村」の話にあるように、実際に生じていたヒトの移動をめぐる風景は、政府が旗振り役になって、中国からヒトが世界に溢れていく、という単純な話ではない、ということはまず確認できるだろう。政府の関与もないわけではないが、中国の人々の個別的な動きもまた、「中国の世界進出」とされる現象の一部を構成しているのである。それだけに、官民一体との印象はひとまず脇に置くことも時には必要である。

第二章　広州のアフリカ人街——中国に進出するアフリカ商人とその苦衷

「出」と「入」

中国と世界の関係を見るとき、中国の世界進出ということが話題になるが、世界のさまざまな企業や、世界各地の人々が中国に入っていき、中国に居住することも同時に進行する。また、世界の目線が中国に集まり、中国情報が世界のメディアに溢れることにもなった。

中国で一〇〇万を超える台湾人ビジネスマンが働いているとか、あるいは上海の外国人ビジネスマンが増加の一途を辿っているとか、珠江《しゅこう》デルタでは中国人労働者の賃金が上がったために東南アジア等からの労働者の姿が増えているとか、いろいろな現象が見られた。それは教育現場でも同様であり、中国の各大学に集まる外国人留学生を見れば明らかである。中国が世界に拡大していくことは、同時に中国にさまざまなヒトやモノ、資本が流入することをも意味したのであった。

そうした事例として、二〇一〇年前後に注目され、日本の学界でも一連の研究業績が生み出されたのは、中国への中東、あるいはアフリカの人々の流入という現象であった。たとえば、物流集積地であった浙江省の義烏《ぎう》などにも、かつては中東やアフリカから買い付けのための商人が集まっていたし、広東にはアフリカ人街が形成されるに至った(1)。

著者は、二〇一〇年三月に広東省広州市にて、また翌一一年三月に浙江省義烏市にて調査をおこなった。義烏では、中東経由でアフリカと取引している中国人業者などにインタビューできた。一方、広州では、アフリカ人集住地域を、彼らにインタビューしながら歩くことができた。

チョコレート城

広州市あるいは珠江デルタ地域には、多くのアフリカ人が居住している。合法、非合法滞在をあわせると、人口にして当時は二万などとされていたが、時に五万とも、一〇万ともいわれていた(2)。広州では、アフリカ人コミュニティが幾つか形成されているが、アヘン戦争に際して、〝民衆〟が立ち上がって平英団を組織しイギリス軍に対抗したことで知られる三元里もそのひとつに数えられている。昨今では、不法滞在者の摘発を試みる警察の手から逃れるために、アフリカ人たちも、郊外などにも分散しつつあるという。

著者が歩いてみたのは、広州のアフリカ人街として最も大きな小北路のエリアである。小北路は市の中心部、越秀公園の東側に位置する通りである。その小北路と環市中路との交差点の西南角に天秀大廈がある。このビルの中でも多くのアフリカ人の姿を見ることができる。そして、その環市中路を渡ると、登峰賓館があり、そこからかなりの奥行きでアフリカ人街がひろがっていた。これらは〝チョコレート城〟ともいわれていた。

この地域はもともとムスリム居住区であったようである。現在も迷路のようになった巷子(路地)を辿るように進むと、アフリカ系ではないと思われるムスリムにも出会う。そのムスリムの関係で、アフリカ系ムスリムがここに住み始めたのが、このアフリカ人街の形成の始まりだという話も耳にした。

天秀大廈に入っている天秀賓館というホテルの外観. 建物にはアフリカ人の経営する小売店舗や業者の事務所が入っていた(2010年3月, 著者撮影).

アフリカ人たちはなぜここに集まっているのだろうか。性別で見れば、圧倒的に男性の多いそのコミュニティでは、構成員の多くがこの珠江デルタ地域で生産される品物を買い付け、アフリカに送付している小貿易商、あるいは運送業者などであった。無論、肉体労働に従事する人々もいるが、彼らの多くは永平街に住んでおり、著者が訪れた地域は小貿易商のコミュニティのある地域であった。この時期、貿易商の扱う商品は多様であったが、服飾品、靴などといった、珠江デルタ地域で生産される生活用品が中心なようである。もちろん、「山寨《さんさい》」とされたコピー商品、たとえば携帯電話なども扱っている。多様な商品が中国からアフリカに運ばれている、ということになろう。なかには、広州と生産地の仏山あたりを往復して暮らしている人たちもいるという話を聞いた。製品のアフリカへの輸送については、小運送業者が使われているようである。この小北路には、幾つもの運送業者が軒を連ねており、そこには数多くの段ボール箱が積み重ねられていた。

西アフリカの〝チャイナ・ドリーム〟?

貿易商としてこの地域にいる〝アフリカ人〟には、少なくともこの時期には、西アフリカ出身者が多く見られた。正確な統計があるわけではないが、少なくとも二〇一〇年に訪問したときには、ナイジェリア、マリ、ギニア、カメルーンといった国々の出身者が多いという印象をうけた(その後、東アフリカ出身者も増加したとされる)。

著者が天秀大廈にて知り合ったM氏はマリの出身。家族は本国に残しながら、四、五年前から、主に衣類と靴などを、マリをはじめとする西アフリカに送っていると、片言の中国語、また決して流暢ではない英語を交えながら話す。もうかっているのかと尋ねると、「まあまあ」とにやけるが、品物の仕入れ先を尋ねると、工場から直接仕入れることも、また中国人の仲買や、あるいはほかのアフリカ系の商人と取引することもあるという。ほかのアフリカ商人との競争も激しく、より安く、より良い商品を仕入れることが重要だという。すでに天秀大厦で店舗を開いているM氏は、同業者の中では成功者であり、その話はいささか自らのサクセス・ストーリーのようであった。

小規模な運送業者の店舗の外観．アフリカへの商品の輸送にはこのような小規模の業者が利用されているようであった（2010 年 3 月，著者撮影）．

また、登峰賓館付近で知り合ったT氏はニジェールの出身であるが、中国にきてまだ二、三年だという。「中国にいけば稼げる」という話を聞いてここにきたが、その夢は実現していないという。「中国人に騙された」との話も出る。聞けば、衣料をまとめて購入しようとして粗悪品をつかまされた、ということのようである。

中国の経済発展は、中国人の世界進出だけでなく、さまざまな〝チャイナ・ドリーム〟のイメージを世界に対して広げることにもなった。多くの人々が中国を目指してやってきていた。他方で、国際社会における「中国の進出」問題と裏腹に、中国における外国人の立ち位置も難しいものであった。

「黒鬼子」？

当時、広州のアフリカ人街の話はすでに内外のメディアでも注目されていた。なかでも、ル・モンド・ディプロマティーク誌は、比較的詳細なレポートを二〇一〇年に掲載していた。(3) そこでは広州のタクシー運転手がアフリカ人を乗せることを嫌う様が紹介されているが、著者も広州でタクシーに乗り、同様にアフリカ人のことを話題にしてみた。すると、運転手はアフリカ人のことを「黒鬼(子)」と言いながら、アフリカ人批判を展開し始めた。料金の踏み倒し、飲酒、さらに強い香水の匂いなどといったことを並べ立て、彼らを乗せたくない、とまで言っていた。全員ではなかったが、数回乗ったタクシーの過半はこのような調子であった。

このタクシー運転手の話を広州市民の声として一般化することはもちろんできない。だが、この時期、メディアなどで紹介されていた広州のアフリカ人街の様子を示す記事を見ても、決して好意的とは思えないものが少なくなかった。中国社会全体が「走出去」、つまり自らが海外に出ていくことに関しては勢いがついていても、逆の方向、つまり多くの外国人が自らの社会の一員になっていくということについては、まだ十分な準備ができていなかったのだろう。

こうした事態に対して、政府筋からは、アフリカ人との「友好」を訴えるメッセージが発せられていた。全国政治協商会議外事委員会副主任で、中国－アフリカ関係業務にも関わる韓方明は、二〇一〇年末『南方日報』に寄稿した一文で次のように述べていた。

広州の「アフリカ人街」の光景．このころには数万のアフリカ人が広州にいるといわれていた．現在でも不法滞在問題などをめぐる課題が絶えない(2010 年 3 月，著者撮影)．

不法移民による犯罪などの問題があるのは確かですが、広州のアフリカ人の圧倒的多数はいい人ですし、彼らが広州にきた目的は貿易を通じて経済的利益をあげることにあるのです。しかし、中国の民間にはアフリカ人に対する異なった見方があるようです。たとえば、アフリカ人のことを軽蔑したような語気でひそひそ話をする人もいるし、アフリカ人の体臭や強い香水の匂いに耐えがたい感情をもつ人や、またアフリカ人の中国人女性に対する過度の〝熱情〟を問題だと思う人も少ないのです。このほかにも、ごく少数のアフリカ人による暴力事件がメディアによって過度に大げさに報道されることもあり、それが中国のアフリカ人観に大きな影響を与えています。さらには、ネット上で広州がアフリカ人の植民地になったなどと警鐘を鳴らしてみせる言論や、アフリカ人に対する、非友好的で、非常に極端な表現も見られます。(4)

このような官側の言論は、広州におけるアフリカ人の位置付けを一面で物語るものである。アフリカ人に対する誤解や偏見を直接的に否定してはいないものの、何とか融和させようとしている。だが、これを読んだ人が姿勢を変えるかどうか未知数だ。アフリカに「進出」する「大国中国」もまた、国内に流入するアフリカ人との間にはさまざまな問題を抱えているようである。政府側の言論とて、「友好」を求めるようなものだけではない。外国人犯罪や不法滞在の問題ともなると、その語気は強まり、政府によっても、アフリカ人批判が展開されていたのである。

砿泉派出所事件

三元里に近い、広園西路に面した砿泉派出所に、一〇〇名を超えるアフリカ人(その大半がナイジェリア人）が抗議デモで押し寄せたのは、著者がこの地域で聞き取りをおこなった時期の半年以上前にあたる、二〇〇九年七月一五日夕方であった。それは、この付近で広州市の警察により身分証明書の提示を求められたナイジェリア人が逃走し、その際に二名が出血する大けがを負ったことを契機としている。彼らは最終的には助かったのだが、正確な情報が広まる前に、彼らが死亡したと信じた人々によって抗議活動が生じたようである。この事件の背景には、広州にいる多くのアフリカ人がビザ更新問題を抱えており、不法滞在者が少なくないこと、それを広州市警察側が取り締まっており、両者の間に緊張感が存在していたことがある。このデモにより、一時は広園西路が閉鎖されるほどになったが、六時過ぎには大方おさまったようである。

二〇〇九年に不法滞在者が増加していたのには理由があった。二〇〇八年の北京オリンピックに際して、中国当局がビザの更新に制限を加えるようになったのである。その結果、アフリカ人たちは、帰国するか、不法滞在者になるかの選択に迫られ、結局は少なからぬアフリカ人が不法滞在者となったということである。

この広州でのデモ事件は、中国紙はもちろん、海外メディアでも報道された。そこにはナイジェリア紙も含まれる(5)。周知のように、ナイジェリアは、アンゴラなどとともに中国の主要石油輸入先であり、両国の関係はきわめて緊密である。二〇一〇年の上海万博に際しては、アフリカ諸国のブースはアフリカ館に設けられていたが、アンゴラ、ナイジェリアなどは単独のパビリオンをもっていた。それはナイジェリアが中国に重視されている証左でもあった。

そのナイジェリアの旧首都ラゴスには、チャイナ・キャッスル（中国商城）と呼ばれる場がある。広州での砿泉派出所事件はこのラゴスにも飛び火したのだった。すでに中国での自国人に対する扱いに関心を示していたナイジェリアのメディアも、九月には七三二名ものナイジェリア人が不法滞在などで中国の刑務所で服役しているとの報道をするなど、いっそうの関心を示した。[6]

ナイジェリアの中国人

中国の在留外国人の状況は、時に海外の中国人の置かれている状況に影響する。特に法的待遇などとなると外国政府が報復措置をとることがあるし、またメディアもこうした問題には敏感に反応する。ナイジェリアのケースも同様である。

この派出所前での抗議デモが生じた前年、すなわち二〇〇八年には、すでに両国間で在留資格をめぐる事件が起きていた。報道ベースでも、中国による在留ナイジェリア人に対する措置への「報復」を、ナイジェリア在住の中国人に対してナイジェリア政府がおこなうといった報道がなされていた。その記事は、「ナイジェリア政府当局が数十人の中国人を逮捕――報復行為の疑い」(7)と題されている。

ナイジェリアの華人が明らかにしたところによると、一〇月初めにナイジェリアテレビがゴールデンタイムに次のように報道した。「一人のナイジェリアの男性が広州で警察官に殴り殺された」と。それ以後、現地のメディアはそれほど詳細に追加報道をしたわけではなかったのだが、噂では、そのナイジェリア人の男性は、広州のバーで、場所をえらばず小便をし、警察に注意されてもそれを聞き入れず、とうとう手を出して警察を挑発し、結局双方がエスカレートしたとのことである。この事件が発生してから、現地の多くの中国系企業は、これを理由にしてナイジェリア在住の華人の生活や経済活動にマイナスの影響がでるのではないかと懸念しているという。

「ナイジェリア在住の華人の生活や経済活動にマイナスの影響」は、まさに懸念通りに現実のものとなった。一〇月一七日に、ナイジェリアのラゴス税関が国家安全局の官員とともにナイジェリアのビルの抜き打ち捜査をおこなったという。その際、数十の中国系企業も捜査対象となり、会社の責任者や従業員十数名が逮捕された、とされる。

中国とナイジェリアで展開された不法移民摘発の応酬はその後も続いた。当時、ナイジェリアにも二万の中国人が滞在しているとされていたが、二〇一二年の五月にも、ナイジェリアでの一斉摘発によって一〇〇名近い中国人が逮捕されたと、『広州日報』が報じている。(8) 両国の外交当局は、もちろん「報復の応酬」を否定し、それぞれが法に基づいて粛々と事態に対応しているだけだとしていた。

「人の移動」のフロンティア

この時期、中国政府は世界各地の居留民保護を外交政策の支柱のひとつに掲げるようになっていた。二〇一一年のリビア動乱にともなって発生した、中国人労働者のリビア撤収劇などを見れば、確かにその重要性はうかがえる。しかし、世界に拡大していく中国からの「人の移動」を、中国政府がすべて管理統括できているわけではないだろう。もちろん、対外援助等の国家事業が人の移動を促すことがあるにしても、労働者が現地に居残るか否かということや、彼らがまた親戚や友人を呼び寄せていくかといったことは、必ずしも政府を介在させたものではない。これらの点は、ザンビアで農場を開いた中国人農民を扱った、第一章でも記した通りである。そして、結局、政府が関与できるのは、パスポート・ビザ発行の許認可、および出入国管理、さらには現地で事件を起こしたりした際に「保護」を加えたりすることなどに限定されよう。

中国人のフロンティアは中国政府の一歩先、二歩先を進む。逆に、中国に入ってくる外国人たちについても、相手国政府はもとより、中国政府もまた対応に苦慮している、ということだろう。海外の中国人不法移民を守ることと、国内の外国人不法移民問題に適切に対応すること、この双方を、問題をエスカレートさせることなくおこなうことを中国政府は迫られている。これもまた「大国」ゆえの課題であるが、この段階では、その課題に十分に対応できているわけではなかった。

第三章　雑誌『非洲』の世界――中国の〝公共外交〟

雑誌『非洲』との出会い

第二章で述べたように、著者は浙江省義烏などで調査をおこなった。この時期には、すでに義烏ではアフリカ商人はあまり見られず、中東経由でアフリカと取引している中国人商人から話を聞くことができたのだが、その際、彼のデスクの上に置かれていたのが、『非洲』という中国語の雑誌であった。非洲とは中国語でアフリカのことである。

そのビジュアルな雑誌は、アフリカの課題を指摘するようなジャーナリスティックなものではなく、アフリカのことを紹介したり、中国政府の方針を示したりしており、政府系のPR誌であることは明白であった。だが、その内容は中国から見た場合の（あるべき）アフリカ観が示されるものとして興味深かった。帰国後、創刊号からそのバックナンバーを取り寄せ一読してみると、それが中国の対アフリカ政策を、ある意味でわかりやすく紹介し、そして中国人の期待するアフリカ像を提示しつつも、投資意欲をかき立てるようなメディアとなっていることに

雑誌『非洲』創刊号の表紙．将来ある，友好的なアフリカのイメージが織り込まれたデザインになっている．

改めて気づかされた。本章では、この雑誌もまたひとつの「中国のアフリカ認識のフロンティア」と関わるメディアであるとみなし、その内容や刊行の背景について紹介していきたい。

『非洲』の刊行

二〇〇九年九月、中国で月刊誌『非洲』が創刊された。この雑誌は、全国人民対外友好協会が主管し、中国非洲人民友好協会が業務を担う形態をとっている。顧問委員会には李肇星・元外相や趙啓正・元国務院新聞局主任をはじめ、全国政治協商会議、全国人民代表大会、外交部、新華社のトップクラスのOB・OGが名を連ねる。専門家委員会には、李安山・北京大学教授や程濤・元外交部アフリカ局長などの、大学、政府系シンクタンク、政府各部局の〝アフリカン・スクール〟が名を連ねている。要するに、この雑誌は政府肝いりのPR誌である。

創刊号において、この雑誌の顧問委員会の首席委員で、全国政治協商会議副主席を務めるウイグル族のアブラテ・アブドルシテ(阿不来提・阿不都熱西提、Ablet Abdurishit)は、創刊の意義を次のように述べた。

民間交流の面から見ると、中国非洲人民友好協会が、これまで以上に中国の一般市民の目線に寄り添いながら、公衆の耳目に馴染みやすい形式で、アフリカのことを中国に紹介することによって、中国の大衆がより近距離でアフリカに接し、アフリカを理解することができるようになろう。アフリカの風土人情や最新の情報を紹介する中国非洲人民友好協会が担う最初の雑誌である『非洲』は、〝アフリカに行こう！〟旅行文化キャンペーンを実施し、アフリカの自然、風土人情と民族文化を示してきた。それと同時に、中国非洲人民友好協会は、アフリカ諸国の駐華大使館や中国の地方諸政府と協力して、アフリカ諸国の大使館が各地方で巡回講演をおこなって、アフリカ国家の政治、経済貿易、文化など各方面の状況を紹介し、多くの中国の民衆がアフリカを理解し、アフリカを好きになるようにアレンジすることになっている(1)。

この雑誌は、いわば「アフリカ理解」のための数少ない国内向け広報誌として作製されたのである。対象とされている主たる読者は、①アフリカに投資する民間企業家、中国アフリカ間貿易をおこなおうとするビジネスマンや関連する各業界の人々、②中央の各部局、省、市、自治区の各政府機構および図書館、大学、研究機関、③アフリカへの旅行者、アフリカ各国の在華使節、在華企業家、留学生などであった[2]。

無論、この雑誌はアフリカをアフリカに即して理解するための学術雑誌ではないし、アフリカ諸国が中国の人々に見せたいアフリカが示されているとも限らない。それはこの雑誌の創刊に際してのPR映像でも明白だ。そこでは、自然・動物、そして〝異人種〟への関心、そういった無自覚な、いわゆる〝オリエンタリズム〟然としたコンテンツが主に配され[3]、ある意味で「典型的な」中国のアフリカ観が示されていた。

アフリカ関連メディアの連続創刊

二〇〇九年一一月、この『非洲』が刊行された二カ月後、アフリカ人読者向けの『ChinAfrica／中国与非洲(中国とアフリカ)』という英文・中国語月刊誌がリニューアルされて再刊行された[4]。これは、エジプトのシナイ半島にあるシャルムエルシェイクで開かれていた第四回中国・アフリカ協力フォーラムを踏まえてのもので、中国外文出版発行事業局の下にある北京週報社が編集・出版を担うことになっていた。この雑誌はアフリカの読者を視野に入れたものであり、当時は中国がアフリカに対して発している唯一の総合雑誌という位置付けであった。それは、〝客観的に〟中国の状況を紹介したり、中国とアフリカの関係、経済貿易、文化交流、民間の往来等を伝えることを目指していた。[5] 胡錦濤国家主席もこの創刊号に言葉を寄せており、政府主導での出版であったことをうかがわせる。[6]

この年に創刊されたアフリカ関係の雑誌はほかにもある。たとえば、『人民日報海外版　非洲週刊(週刊アフリカ)』である。また、同じく人民日報海外版の協力の下に刊行される、ボツワナの『華僑週報』の創刊もあわせて五月末に発表された。[7] アフリカには一九三〇年代からすでに中国語メディアがあったし、今世紀に入って、とりわけこの二〇年ほどの間に、アフリカの中国語メディアの数は増加してきてはいたが、二〇〇九年には特に政府肝いりの新たな雑誌が少なからず刊行されたのであった。

二〇〇九年のもつ意味

では、二〇〇九年になぜアフリカ関連の内外向け雑誌の発行が相次いだのであろうか。結論を先取りすれば、このころ中国の対アフリカ政策はひとつの到達点に至っており、それまでの政策を総括の上、仕切り直されたと見ることができるのである。

第一回の中国・アフリカ協力フォーラムが開催されたのは二〇〇〇年一〇月であり、以後、三年おきに開催されている。第一回の北京会議では四十数カ国から閣僚や組織の代表が集まり、「公正で合理的な国際政治・経済新秩序の構築」「各分野における具体的協力のいっそうの強化・拡大」という議題について対話を実施したとされる。そして、「北京宣言」と「中国・アフリカの経済・社会発展協力綱領」を採択の上、「長期的、安定的な平等互恵に基づく、新しいスタイルのパートナーシップ」の構築を宣言した。

第二回会議は、二〇〇三年一二月にアディスアベバで開かれ、中国および四四カ国の代表らが「アディスアベバ行動計画(二〇〇四―〇六年)」を採択した。ここでは、以後三年の具体的な協力計画が策定されただけでなく、引き続き「長期的安定、平等互恵、全面協力」を謳う「新しいスタイルのパートナーシップ」が採択された。

中国とアフリカの外交関係樹立五〇周年にあたるとされる二〇〇六年に北京で開かれた第三回会議でも、引き続き「友情、平和、協力、発展」が主題とされ、「北京サミット宣言」と「北京行動計画(二〇〇七―〇九年)」を採択した上で、「新しいスタイルの戦略的パートナー」の構築が謳われた。この会議では、温家宝総理が、対アフリカ協力についての五つの提案をおこない、胡錦濤主席もAU(アフリカ連合)本部建設や援助規模の拡大など、八項目の協力提案を発表したのだった。

二〇〇九年一一月の第四回会議(シャルムエルシェイク)は、引き続き中国とアフリカの協力推進に関する八項目を発表し、「シャルムエルシェイク宣言」と「シャルムエルシェイク行動計画(二〇一〇―一二年)」を採択した。だが、この二〇〇九年の会議はある意味で特別であった。それは二〇〇〇年の会議開始から一〇周年であったということもあろう。この閣僚会議について、新華社は次のように報じた。

二〇〇〇年から現在に至るまで、中国・アフリカ協力フォーラムは、九つの春秋を重ねてきた。この九年の間に中国・アフリカ関係は長足の発展を遂げてきた。とりわけ、二〇〇六年の北京サミット開催以来、中国・アフリカ間の友好と協力関係は新たな段階に入った。中国は極力アフリカとの間で「政治上の平等・相互信頼、経済上の協力、ウィンウィン関係、文化上の相互交流」といった新たな戦略パートナーシップを築き、国際社会において、重要な影響を生み出し、模範的な作用を生み出そうとしてきたのである。(8)

ここでは二〇〇六年がひとつの転機だとされる。二〇〇六年は中国の対外政策が次第に「積極」的になっていく転機であった。そして、リーマン・ショック後の二〇〇九年もまた、中国が大国として積極的に対外政策を展開していった時期だと理解できる。この二〇〇九年の第四回会議で定められた八項目の内容は、二〇〇六年のものと大枠は同じであるものの、よりいっそう内容を具体的にするものであった。たとえば人的な交流では、中国政府留学生を五五〇〇名に増やすことなどが定められていた。そして、この八項目の中には含まれていないが、この会議に先立って創刊が発表されたのが『非洲』という雑誌であり、この会議に関連付けられて創刊されたのが『ChinAfrica／中国与非洲』だったのである。

北アフリカ高速道路建設

では、この雑誌『非洲』はどのような内容を含んでいるのか。八〇ページのこの雑誌には、毎号ごとに国別の投資指南、アフリカ旅行ガイドとしての旅の手帖、中国とアフリカの交流を示す中国人在非洲(アフリカの中国人)、非洲人在中国(中国のアフリカ人)、政策や情勢の解説である政策解読、ニュース深読などがあり、このほかにインタビューや特集ものが含まれている。[9]総じて、中国のその時々の政策の基調の下に、投資(資源開発、貿易ほか)、観光が中心的なテーマとされ、これに加えて中国でのアフリカ観を確認するような各国別の紹介がなされている。

この雑誌が興味深いのは、しばしばアフリカに投資している企業人のインタビューが掲載されることである。たとえば第三号には、「中信・中鉄建連合体」の華東一・董事長が登場する。この企業体は、二〇〇六年に北アフリカのマグレブ横断高速道路のアルジェリア部分のうち、西工区と中部工区において、およそ七〇億ドル規模の工事を落札した。東工区は日本の鹿島建設を中心とする企業体COJAALが落札していた(10)。

華は、この工事の受注が中国企業にとって重要だったとしている。「中国の対外承包工程商会会長の刁春和の話によれば、これまで中国が国際的な建設市場で受注してきたプロジェクトは最大のものでも十数億ドルに満たない規模であった。また、今回の中国の企業連合体が受注したのは、簡単な施工部分だけではなく、設計や建造を含む、欧米規準でいう一括受注型、すなわちターンキー・プロジェクトである。このことは、中国の国際的な工事受注が新たな段階に入ったことを示している」。中国から見れば、初めての大規模プロジェクトの受注だったというのである。

実は、このプロジェクトは日本の企業連合にとっては厳しい経験となった。治安の悪化や地質の問題などで工期が大幅に遅れ、大きな損失が見込まれただけでなく、工期の遅れにともなってアルジェリア側からの支払いも滞ることになり、次第に外交問題としても取り上げられるほどになったのだった。だが、中国側はこの道路の担当工区(西部と中部)をいち早く完成させている。この雑誌は、「我々は勝った！」という華の発言を引用しつつ、次のように紹介する。

エチオピアのアディスアベバで建設事業を請け負う中国系企業.「中交集団」は中国交通建設集団のこと，中国の代表的国有建設会社である．アフリカの国際会議が多く開かれるアディスアベバのインフラ建設は中国が多くを担っている(2013年4月，著者撮影).

工事がはじまったとき、アルジェリアの業主の一人が申し訳なさそうに、「中国は日本企業には及ばないでしょう」と言っていた。それを聞いた中国側の責任者は一言、「時間と事実が証明するでしょう」とだけ言い返した。三年が過ぎた現在、工事の進行の面で、技術的にも物量面でも高いレベルをもつ日本企業体は我々中国企業体の遥か後ろを走っている。中部工区、西部工区の一六区画のうち、五区画はすでに予定の工期よりも早く開通している。アルジェリア側は、日本側が工期通りに完成できない工区を中国側におこなわせると決定している(11)。

日本にとっても大きな道路建設プロジェクトであったが、アルジェリアを舞台に、中国企業が勝利感覚をもつような事態が生じていたことをこの記事は伝えている。中国企業の海外進出の軌跡、世界の建設市場を彼らの(公的な)目線でトレースできることも、この雑誌のひとつの特徴である。

メイド・イン・チャイナ問題

この雑誌には、アフリカでいかに中国製品を売り込むのかということに関する記事も少なくない。第四号(二〇〇九年一二月)に掲載された、「中国の携帯電話をアフリカで売り抜くには何が必要か」であるとか、第五号(二〇一〇年一月)の「中国国産自動車、アフリカに食い込んで十余年」といった記事がそれにあたるだろう。興味深いのは、こうした記事で中国製品の粗悪性や、中国人商人の資質が問題にされている点だ。「しかし、我々の心を痛めるのは、中国商人の中に信義もなく、良心にも欠ける者がおり、アフリカで粗悪品や偽物商品を売り、中国の国家の名誉を傷つけ、中国のアフリカにおける貴ぶべき政治と民意のリソースをすり減らし、自動車を含む中国の製品のアフリカでの販路拡大の障害となっているのだ」といった指摘がそれにあたる(12)。

この問題については、第九号(二〇一〇年五月)で「粗悪品がアフリカにおける〝メイド・イン・チャイナ〟を羞《はず》かしめている」という特集が組まれた。(13) そこでは、「たばこが欧米品、果物が地元産であるほかは、すべてがメイド・イン・チャイナだ。アフリカの工芸品でさえも、浙江省義烏からの輸入品だ」などと、中国産品のアフリカでの普及を称えつつ、中国産の靴は「一週間靴」、スカートは「三カ月スカート」と呼ばれるほどの酷い見方をされていると伝えていた。

特に、偽物問題が深刻だと記事は伝えている。もちろん、〝山寨手機(コピーブランドものの携帯電話)〟も指摘されていた。第二章で紹介したように、このころ広州には万単位のアフリカ人が住み、珠江デルタで生産されている製品をアフリカに送っていた。それらの中には粗悪品、偽物も含まれていたが、中国人商人も多くアフリカに進出していた。

中国からの粗悪品やコピー商品が社会問題になり、それが外交問題に発展していくことを、この雑誌は警戒していた。「多くのアフリカのウェブサイトが、CNNやBBCの記事を転載しているが、この二社はしばしばいわゆる〝中国の新植民地主義〟という謬論を発している。一部の感情的な者は、中国の劣悪な商品を取り上げて批判する文章を記すようになり、甚だしい場合には、デモ行為をおこなって中国製品のボイコットを呼びかける者までいる」。中国を新植民地主義として特徴付けるかどうかは別にして、アフリカの各地に中国の粗悪品、コピー商品が横行し、現地の中国大使館が対応や謝罪に追われるといった事態が相次いで発生していたことを反映しての記事であった。

『非洲』という雑誌は中国の「国内向け」であることから、こうした問題を取り上げて注意喚起している。さらに「中国の企業は国家イメージに注意する必要がある」という中国外交部アフリカ局長のインタビュー記事を第一〇号に掲載している。第九号は国内企業向けに直接的に中国側の問題点を指摘していたが、第一〇号になると、前号とのバランスをとるためか、「中国ブランドの産品が、アフリカ人から深く愛されている」という前号とはトーンが異なる記事を別途掲載している。

対アフリカ援助

世界でも話題になっている中国の対アフリカ援助も、この雑誌の主要テーマのひとつであるし、ソマリア沖海域に海軍の艦船を派遣したことも同様だ。「多くの国は自らの小さな算盤をもっている。これは正常なことである。なぜなら、利益の最大化をもとめるきわめて理性的な行為であり、ソマリア沖に艦船を派遣した国々は、みな利益を得ることを予期しているのである」としている。中国にとっての利益とは、第一に当時中国の石油の輸入ルートの六割を占めていたインド洋—マラッカ海峡—南シナ海の安全を維持すること、第二に国際協力に参加し、中国の国家イメージを高めること、第三に海軍を鍛えること、にあるとしている[(14)]。

また、第一一号(二〇一〇年七月)では、「中国の対アフリカ援助、人に授けるに漁をもってせよ、により注目せよ」という特集を組んでいる(「人に授けるに魚を以てするは、人に授けるに漁を以てするに如かず」という老子の言葉から)。まさに援助をおこなう場合には「魚」(現物支給)ではなく、「漁」(自ら生計を立てられるようにすること)を重視せよとの教訓を掲げて、政府の視点で中国の対アフリカ援助が成功裏に進んでいることを書き並べている。

だが、中国の対アフリカ援助、あるいはアフリカ進出が警戒心をもって受け止められていることを承知していないわけではないようだ。西側諸国が中国のアフリカ進出を「新植民地主義」だと批判していることについて、盧沙野・中国外交部アフリカ局長は、「西側諸国が中国を責めるなら、まずは西側諸国自身が自分の足下を見るべきだ。アフリカを植民地統治していた時期は言うにおよばず、現在も西側諸国の対アフリカ援助は、中国ほどうまくできてはいない。西側諸国がアフリカで資源、土地からの収奪を恣《ほしいまま》にし、鉱山を乱開発し、伐採を妄《みだ》りにおこなってきた事例がこれにあたる」「中国の企業が資源を開発する場合には、環境問題に配慮をする。中国政府の政策は、中国企業を教育して導くことを通じ、アフリカと協力するときには、第一に国際的な慣例と商業規則に従い、公平公正な商取引をおこなって、プロジェクトを獲得していこうとしている。第二に開発の過程では現地の法律を遵守し、環境を保護する。第三に社会の責任を果たし、現地社会への還元をおこたらない」などとしている。また、中国の対アフリカ援助に問題があるにしても、多くは労務待遇が悪いといったことで、それも部分的にすぎないのだから、そういった部分的なことを故意に過大評価する言説には反駁を加えねばならない、としていた[15]。

南スーダンのジュバ市内にある中国系住民に対する代行業者．ビザ更新，会社登記，不動産仲介など，中国人が現地で経済活動をおこなう上で必要な諸手続きの代行サービスを提供している（2013 年 3 月，著者撮影）．

公共外交と公衆

中国語でパブリック・ディプロマシーは「公共外交」という。中国にとっては相手国の公衆に政府から働きかける局面と、中国の公衆が相手国の公衆と交流したりする局面がともに公共外交として想定されている[16]。中国の公衆はまさに中国の公共外交の担い手として想定されているのだ。この国内向けの雑誌『非洲』は、まさに中国の公衆のために製作されたものであり、中国の公共外交に貢献することを期待して編まれたものである。このような雑誌で、政府のスタンスを肯定的に評価し、中国にとっての名誉と思われることを紹介したりするのは当たり前だろう。だが、興味深いのは次の点である。それは、「アフリカにおける中国の問題群」をどのように処理するか、ということである。そもそも、それを「問題」だとして認めるのか、ということがあり、次に「問題の責任」をどこに求めるのか、ということがある。

政府の進める対アフリカ援助などの領域では、問題があるという言説それ自体を受け入れない。そして、新植民地主義などと〝欧米のメディア〟に批判されたら、このように反論すべきだという「反論の雛形」をこの雑誌が掲載しているようにも見える。だが、アフリカ諸国の〝公衆〟からの不満が強い粗悪品、コピー商品の問題ともなれば、まずは問題として比較的素直に受け入れ、その上で中国系企業に責任がある、つまり、「民間」の問題だ、と責任の所在も明確にする。だが、それでもこの雑誌は、中国製品のアフリカでの普及を肯定的に評価しつつ、国内企業に対して国家イメージに注意を払うように呼びかけている。これは、「公衆」の一部としての中国企業に公共外交を担うように仕向けているということだろう。

第Ⅱ部

マラウイはなぜ中国を選んだのか

一九四九年一〇月一日に中華人民共和国が成立したとき、中華民国政府は広東にあった。中華民国政府はその後、四川省を経て台湾へと遷《うつ》り現在に至っている。一九四九年から世界には二つの中国政府があり、中国と国交をもつには、どちらかの政府を選ぶ必要に迫られた。中国の二つの政府は、各国からの承認獲得合戦を繰り広げてきた。日本は一九五二年に台湾の中華民国政府を中国政府として認識して講和条約を締結したが、一九七二年九月以降、現在まで中華人民共和国を中国政府として承認している。世界では、当初は中華民国政府を承認する国が多かったが、一九七一年に国連安保理および総会での議席が中華民国から中華人民共和国政府に移ると、中華民国政府を承認する国は激減した。アジアでも、一九九〇年代にはほとんどの国が中華人民共和国政府を承認することになった。目下、台北の中華民国政府を承認しているのは、カリブ海周辺諸国、太平洋島嶼諸国、アフリカなどの二〇カ国前後となった。

二〇〇八年五月に成立した台湾の馬英九政権は、中国側との承認合戦の休止を呼びかけ、中国側も基本的にそれに応じた。ここで取り上げるマラウイの事例は、二〇〇八年五月の馬政権成立前、承認合戦休止前の最後の承認変更事例である。二〇一六年一月、総統選挙で民主進歩党(民進党)の蔡英文候補が勝利すると、中国は、すでに中華民国との断交を宣言していたものの国交樹立を避けていたガンビアと、同年三月に国交を樹立した。同年五月の馬英九政権の終了、蔡英文政権の成立を待たずに国交樹立を断行したのである。以後、同年末のサントメ・プリンシペ（西アフリカのギニア湾に浮かぶ島国）にも見られるように、中国はふたたび「承認合戦」を開始し、蔡英文政権に圧力をかけている。

第II部で取り上げる事例は、馬英九政権成立の直前、陳水扁政権末期に生じた、中国とマラウイの国交正常化（台湾との断交）である。

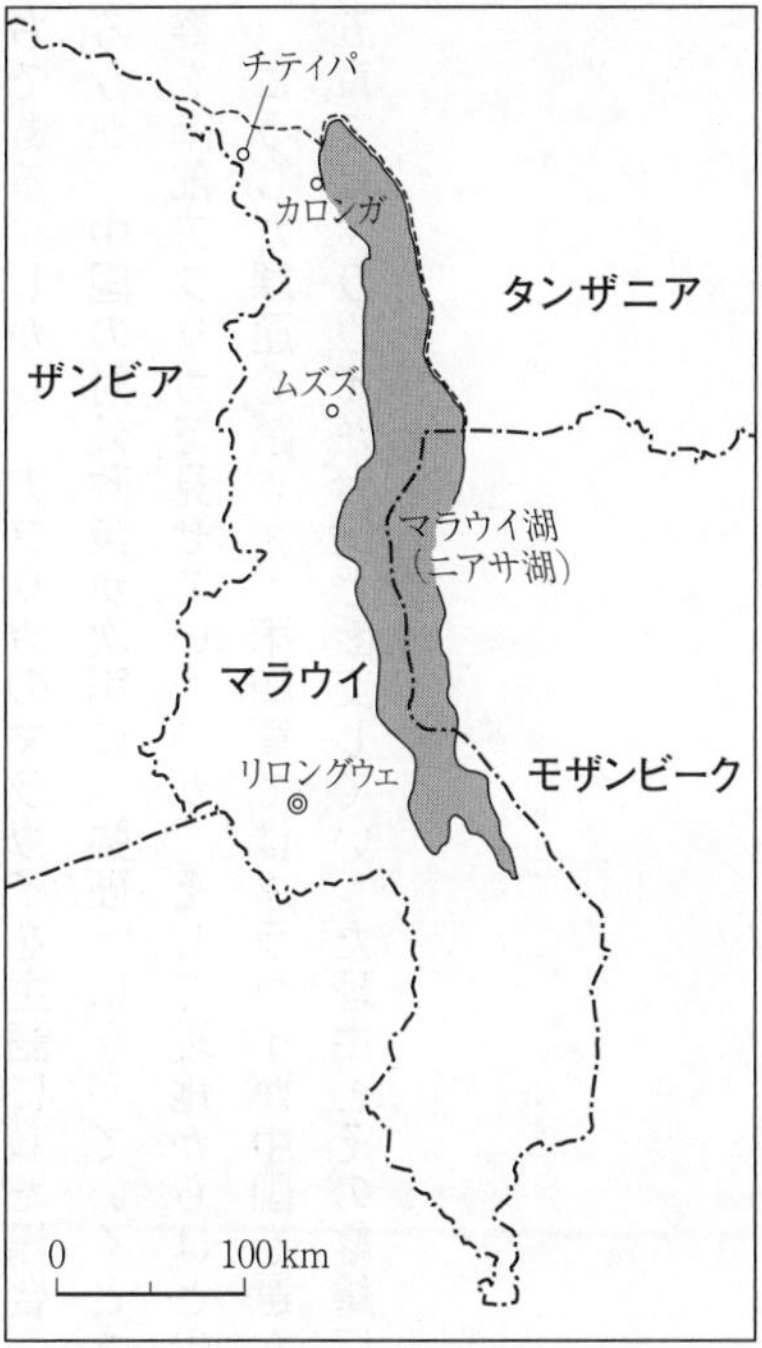

マラウイ

マラウイから見た場合、なぜ台湾よりも中国だったのか。台湾はなぜ断交されたのか。一般に「中国のアフリカ進出」などといわれるように、中国とアフリカの関係は、中国を主語として語られがちである。しかし、アフリカのマラウイを主語にした場合、中国はどのように見えるのだろうか。中国の対外政策が次第に「強硬」になっていくとされる時期、中国はどのような姿を南部アフリカで見せていたのか、そして現地からはどのように見られていたのか。

　こうした課題を踏まえ、第四章ではマラウイが中国を選んだ理由とその経緯、そして第五章ではマラウイが台湾と断交していった理由とその経緯について述べていきたい。

第四章　マラウイと中国の国交正常化

マラウイの選択

二〇〇七年の年末、アフリカ南東部に位置する内陸国マラウイは、一九六六年以来国交を保ってきた中華民国(台湾)と断交し、中華人民共和国と国交を結んだ。これによって、アフリカ諸国の中で中華民国を承認している国は、ブルキナファソ、サントメ・プリンシペ、スワジランド、ガンビアの四カ国となった(当時)[1]。二〇〇八年五月に台湾で馬英九政権が誕生し、いわゆる「外交休兵」政策を打ち出して、中国との承認合戦のために多額の国税を費やすことを回避することになった。そのため、このマラウイの承認変更が、馬英九政権成立前の中国の政府承認変更の最後の事例だということになった。

著者は、二〇〇八年三月、アフリカ研究者である同僚の遠藤貢教授とともにマラウイを訪問した。現地では、日本大使館やJICAマラウイ事務所の支援の下、マラウイの承認変更について、政治家やメディア関係者などにインタビューをおこない、また関連資料を収集した。これを踏まえ、中国とマラウイの国交樹立に至る経緯と結果について、マラウイ側の視線を重視して述べてみたい。その際には、マラウイ側が期待してやまなかったチャイナ・マネーが果たしてマラウイに経済的好況をもたらしたのか、またマラウイのムタリカ政権によるこの決断が、同政権に対してどのような影響をもたらしたのかということについても言及したい。マラウイの選択が、いかなる理由でおこなわれ、そして果たしてどのような結末を迎えたのだろうか。

なぜ中国を選んだのか

マラウイはなぜ中国を選んだのだろうか。二〇〇八年二月初旬、ムタリカ大統領自身、次のように説明した。それは、①中国承認が世界的趨勢となっていること、②かつてバンダ大統領の台湾承認理由だった「反共」が現在は適用できないこと、③中国が世界経済の主要国でありその工業製品が世界中に拡がっていること、④国会議事堂や北部道路建設をはじめ多くの経済支援を中国が約束したこと、などであった。大統領は、これらのほかにも、国際会議場、スタジアム、五つ星ホテルなどといった支援計画があるとも述べた(2)。会議場やスタジアムは、中国がアフリカ各地に建設しているものであった。

このムタリカ大統領の発言は、端的にマラウイにとっての理由をまとめたものだが、著者は以下のような側面があると考えている。

第一に、南部アフリカの国際関係である。マラウイの閣僚経験者や外務省幹部が中国と国交を結んだことについてまず口にしたのは、南部アフリカ地域全体と中国との関係であった。北東隣りのタンザニアは言うにおよばず、西隣りの地域有力国ザンビア、そしてマラウイにとってインド洋への出口にあるモザンビークが中華人民共和国との良好な関係を築き、多くの経済援助を得ている中で、小国で海をもたないマラウイだけが、台湾を承認していることによって地域的な国際政治で孤立し、さらに経済援助を受けられないことで不利益を蒙っているのではないか、という印象をマラウイの政府関係者は有していたのである(3)。

第二に、ムタリカ大統領の発言と重なるが、中国経済への期待である。マラウイにとっては経済が深刻な問題であった。石油や資源価格の高騰によって、アフリカ経済は今世紀初頭には好況を呈していた。しかし、資源国でないマラウイは、その恩恵に浴していなかった。主力のタバコ産業も低迷気味であった。そうした意味で、アフリカの経済発展の恩恵は平等に与えられたものでは

マラウイの風景．ちょうど雨期が終わる時期であり，透き通るような青空であった(2008年3月，著者撮影)．

なく、国ごとに相当に濃淡があった。マラウイは台湾に支援を期待したであろうが、台湾の「援助」は経済発展を包括的に促すものではなかった。中華人民共和国と国交をもてば、中華民国(台湾)が進めていた援助プロジェクトの中華人民共和国による継承だけでなく、より多くの援助・投資パッケージが期待された。それは繰り返し報道されていた。これらの点は、承認変更以後のバンダ外相のインタビュー記事などでも述べられていたし、(4) 二月初旬になってムタリカ大統領自身が中華人民共和国との国交樹立について述べたときにも、中国経済への期待についての言及があった。そこでは、先述のように、国会議事堂や北部道路建設をはじめ多くの経済支援を中国が約束してくれたとし、さらに国際会議場、スタジアム、五つ星ホテルなどといった支援計画があるとも述べていた。(5) 中国では、北京オリンピック向けのスタジアムや、各地で建設されたイベント用の国際会議場や高級ホテル、さらに高速道路や鉄道について、それらを建設する国有企業の能力が高まっていたが、国内での需要がすでに頭打ちになっていた。それそのために国家が主導して海外に市場を求めたということであった。

第三に、ムタリカ大統領は、二〇〇九年におこなわれる大統領選での再選を目指しており、中国からの経済援助を梃子《てこ》にして選挙戦を有利にはこびたかったということもあろう。中国との関係は、内政とも深くリンクしていた。

第四に、台湾の陳水扁政権が、経済発展を強く望むマラウイの意向に沿うかたちでの支援をおこなおうとはせず、中国が進める途上国目線の南南協力ではなく、ある意味で先進国然とした「高度な援助」、すなわち北から南へというスタイルの援助しかしなかったことが承認変更理由として指摘されることもある。

なぜ中国は応じたのか

このようなマラウイの意向に中華人民共和国が惹きつけられたのはなぜであろうか。もちろん、中華人民共和国が、中華民国（台湾）と国交のある国との国交樹立を狙っているのは確かである。だが、台湾と国交を結ぶ国を過度に減少させることは、中華民国政府が中国を代表する政府だと主張する根拠を失わせ、結果的に台湾独立論へと傾斜する契機にもなり得る。そのため、中華人民共和国の承認変更政策には一定程度の歯止めがかけられている。

マラウイは政局が比較的安定しているとはいえ、農業国家であり、資源の面ではウラン鉱があるとされるものの、その生産量は中国が高い関心を示すほどではない。また、主力のタバコ産業も低迷気味である。では、なぜ中国はマラウイの承認変更を進めたのか。

中国がマラウイに関心を示したことについてのひとつの説明は、二〇〇六年のザンビアの大統領選挙をめぐる状況についてなされる。ザンビアはマラウイの隣国で、南部アフリカの地域大国でもあり、かつ中国にとっては伝統的友好国でもある。そのザンビアの大統領選挙で、現職であったムワナワサ大統領に対抗した愛国戦線のマイケル・サタ候補が、激しく中華人民共和国を批判し、当選した際の台湾との国交樹立さえ示唆していた。そのサタ候補を台湾は支援したとされている。とりわけ、台湾の駐マラウイ大使であった荘訓鎧(James Chuang)がサタ候補との関係作りに成功していたという。選挙戦は現職のムワナワサ大統領が勝利したのだが、それ以後もサタ候補と台湾との緊密な関係は続き、二〇〇七年二月にはサタ氏が台湾を訪問していた。このような反北京的な政治家、および彼と密接な関係を作った「有能な」中華民国の外交官への、あるいは中華民国外交への意趣返しとして、その荘大使の任地であるマラウイと国交を樹立してみせた、というのである。ザンビアが中国の伝統的友好国であり、かつまた南部アフリカにおける主要国のひとつであったことも、中国が敏感に反応した一因であったろう。

中国のマラウイへのアプローチ

中国からマラウイへのアプローチは、それ以前もさまざまなかたちでなされていた。だが、二〇〇七年末の中国との国交正常化に至る経緯について、関係者は二〇〇七年九月五日が起点であったとする。この日、ザンビア東部のチェワ(Chewa)族の祭りであるグレ・ワムクル(Gule Wamkulu)に際し、モザンビーク、ザンビア、マラウイの首脳が集まった。このとき、駐ザンビア中国大使である李強民からマラウイの国務大臣(大統領府議会担当大臣)のカツォンガに将来の外交関係樹立について打診があり、両者で話し合ったという(6)。

一方、同年九月一八日にニューヨークで開催された国連総会の場でも、中国の外相とマラウイの閣僚が会談したという。この国連総会ではマラウイなどの中華民国の国連加盟を求める国々が提案をおこなっていたのだが、中国はそのタイミングでマラウイと交渉をおこなったのである(7)。

中国との交渉は、基本的にムタリカ大統領周辺が主導し、実質的にはカツォンガ大臣が実務をおこなったものと考えられる。マラウイ国内では、一〇月にはすでに新聞で対中国交正常化が報じられていたが(8)、そこでは経済を理由に中国を承認することが強調された。それだけにマラウイ国内では、チャイナ・マネーへの期待が殊更に高まっていくことになる。台湾側もそれを阻止しようとしたが、二〇〇七年一二月末には国交樹立のためにカツォンガ大臣らが中国入りしていた。マラウイ内部の報道においても、マラウイが台湾と断交することは時間の問題であるとされ、なかには信義を重んじて大統領を批判する言論もあったが、総じて中国を承認することにともなう経済効果を期待する論調であった。

マラウイと台湾との断交が公表されたのは二〇〇八年一月一四日であるが、実際には二〇〇七年一二月二八日にマラウイと中華人民共和国は国交を樹立していた。北京で共同コミュニケに調印したのは、カツォンガ大臣と楊潔篪外交部長であった(9)。マラウイ政府は中国との国交樹立を宣言すると、台湾に断交を通告した。マラウイ、中国両国政府は、「中華人民共和国とマラウイ共和国の外交関係樹立に関する共同コミュニケ」の締結は二〇〇七年一二月二八日だと公表した。マラウイ政府は「ひとつの中国」を支持し、台湾との一切の公式な関係を断絶させた(10)。

中国経済への期待と警戒

マラウイ内部で中華人民共和国への警戒がなかったわけではない。たとえば、デイリー・タイムズ紙は社説で経済面での中国への警戒を述べた。「中華人民共和国は、明らかに、その大量生産型産業で産み出された廉価な商品の市場を探している。その廉価な商品は、多くの場合低品質ではあるが、マラウイ内部の製造業と利害衝突を起こし、マラウイの労働者の雇用を奪う可能性があるのだ(11)」。

だが、中国からの経済効果への期待も大きかった。台湾が予定していた国会議事堂建設計画(四〇億クワッチャ程度、一〇〇クワッチャ＝二・七ドル程度[二〇〇八年])、北部のカロンガ・チティパ道路建設事業(全長一〇七キロ、七〇億クワッチャ相当)などについて、中国がこれを引き継ぐというムッサ運輸・公共事業相の談話とともに、その道路をザンビア国境まで延長するという中国大使館関係者の発言がマラウイのメディアで伝えられていた(12)。このほかにもシーレ・ザンベジ(Shire-Zambezi)水路計画、衛生医療、教育、農業方面での支援が中国からあると報じられていた。こうした援助、投資への期待は大きく、カリアティ情報相などは、「台湾が四二年間でおこなった我が国への支援を、中国は最長でも一〇年でおこなうだろう」などとし、さらに中華民国が北部のカロンガ・チティパ道路建設に真剣ではなかったと非難した(13)。

マラウイのムタリカ大統領と中国の翟雋外交部部長助理．この日，首都リロングウェに中国大使館が開設された(2008年1月26日，AFP＝時事)．

　二〇〇八年一月二五日から中国国家主席代表、外交部部長助理である翟雋がマラウイを訪問し、二六日に大使館が開設された。すると、中国からの支援についての情報がいっそうメディアをにぎわすようになる。当時はカツォンガ大臣が海外におり、中国からの裏金疑惑などがあったことから、ムッサ大臣やカリアティ大臣が中国からの援助について情報を漏らす存在になっていた。ムッサ大臣は、国会議事堂建設計画が始まり、二〇〇八年一一月には新議事堂が完成するといったことや、懸案の北部のカロンガ・チティパ道路建設事業については、中国がSADC（南部アフリカ開発共同体）諸国から建設業者を募り、台湾が予定していた工期四年の半分の二年で完成させるとの話をメディアに述べた。この二事業はともに台湾がおこなっていたものだった。ムッサ大臣の話を中国大使館も否定せず、先述の通り、カロンガ・チティパ道路をザンビア国境まで延長するとしていた(14)。

それでも、中国への疑義は途絶えなかった。まず、中国の人権問題を指摘して中国企業のマラウイ人労働者の待遇について懸念を示す向きがあった(15)。また、中国大使館の樊桂金・臨時代理大使が、そうしたマラウイ社会からの期待について、「物乞い（beggars）」と表現したとして報道され、大いに物議をかもすことになった。この問題は、ネイション紙の記者が「リロングウェに開設された中国大使館には、あまりに多くの個人、政府の各部局、非政府組織（NGO）の人々が物乞いのための容器をもって群がっていると、樊桂金・臨時代理大使が不平をもらした」と報じたことに始まる(16)。このような言葉を使ったのかどうかについては疑わしい(17)が、中国大使館がマラウイ国内にあった、中国からの援助への過度な期待に辟易としていたことを物語るエピソードではあろう。

マラウイ閣僚の訪中

マラウイが中国と国交を樹立したあと、少なくとも三月までは目立った具体的な支援内容は公表されなかった。途中、ガーディアン紙が、中国がマラウイにタバコ工場を設立するというニュースを流した程度であった(18)。だが、二〇〇八年三月二四日から一週間、ムタリカ大統領がバンダ外務大臣以下、経済関連の閣僚を連れて訪中すると、マラウイへの支援が具体化することになった。

胡錦濤国家主席は、マラウイへの総合的な支援を約束し、「中国・マラウイ貿易、投資、技術協力協定」「経済技術協力協定」「中国政府のマラウイ政府に対する特殊優待関税待遇付与に関する交換公文」などに署名した(19)。ムタリカ大統領は、これらが経済効果とともに貧困対策につながることを強調し、バンダ外相は中国企業の対マラウイ投資促進につながると述べた(20)。また、懸案であった北部のカロンガ・チティパ道路建設事業について協定が結ばれたとマラウイ各紙が報じた(21)。だが、これらの協定の内容は公表されていなかった。

そして、ムタリカ大統領と温家宝総理との会談において、同大統領は「経済貿易、科学技術、医療、人文、社会発展などの各領域における相互協力を加速し、中国企業がマラウイに投資興業し、マラウイの経済建設に参加し支持することを歓迎する」[22]と述べるとともに、二〇一〇年の上海万国博覧会へ参加するとした。温総理も、マラウイ側に中国・アフリカ協力フォーラムへの参加を促した。このようにして中国とマラウイの関係の基礎が形成された。また三月二六日には北京でマラウイ大使館の開館式がおこなわれた[23]。

興味深いのは、ムタリカ大統領が北京を離れてから、四川、深圳、上海を回ったことである。大統領は各地方政府とも経済支援の可能性を話し合った。四川では、農産加工品、水資源の開発利用、水利事業、鉱山資源開発、冶金について議論し[24]、深圳では大統領の出身地のマラウイ南部の湖畔の小都市を国際貿易港にしたいと希望を述べ、さらに金融サービス業について学んで国際投資を引き付けたいとした。上海では上海万博への参加を改めて表明している。これらについてはマラウイ国内でも報道され、チャイナ・マネーへの期待はいっそう高まった。また、大統領の帰国後、マラウイ与党の民主進歩党の代表団が訪中し、多くの援助情報が流れた。

中国の対マラウイ支援の始動

しかし、中国からマラウイへの支援が迅速に進行することはなかった。最初の駐マラウイ中国大使である林松添が赴任したのも、五月になってからであった[25]。この大使の赴任と相前後して、二〇〇八年五月一三日から中国商務部副部長・高虎城率いる経済訪問団四六人がマラウイを訪問し[26]、その際になされた、「中国－マラウイ間の工業、貿易および投資協力における了解事項に関する備忘録」と[27]、二〇億クワッチャ相当のタバコ買い付けを約束したことが中国からの援助の始まりだったが、マラウイ側の期待には遠く及ばない規模だった。

六月三〇日、中国側は医療隊七名（医師六名、通訳一名）をマラウイに派遣した[28]。彼らは、台湾が設立して医療援助の拠点としていたマラウイ北部のムズズ中央病院に勤務することとなっていた[29]。七月初旬、中国人医師のマラウイ到着がメディアで報道された[30]。しかし、この医療支援は台湾のようにはいかなかった。それは英語の問題であった。マラウイのメディアは、中国人医師の英語能力が低く、現地スタッフとも患者ともコミュニケーションがとれないので、英語の学習が求められると報じたのであった[31]。

ムズズの中央病院とともに台湾側がおこなおうとしていた二つの主要事業、北部のカロンガ・チティパ道路建設事業と国会議事堂建設については九月に入ってから漸く具体化した。九月五日、コンサルタント事業をおこなう北京市建築設計研究院がこの両事業についてマラウイ運輸省と協定を締結[32]、雇用者については中国人労働者を帯同することなく、現地で二〇〇一三〇〇人を雇用すると林大使が述べた[33]。北京市建築設計研究院のコンサルタント結果は商務部に報告され、一〇月一七日に承認された[34]。

このほか、中国はマラウイに二五名の国費留学生枠を用意し、二〇〇八年には一〇〇名近い官僚、専門家、技術者、メディア関係者などを招聘した。林大使は、与党民進党やメディアとの関係を維持しつつ、大統領の出身地である南部への教育支援のための視察などをおこなっていた。マラウイの中国人は七〇〇人まで増加し、両国の貿易額は三四〇〇万米ドルと前年比で九三%の伸びを見せ、中国の輸入額は三〇〇万米ドルと一三一六%の伸びを記録した。

こうした中国からの支援は必ずしも順調にいったわけではない。たとえば、先述の中国の医療隊もそのひとつである。その後も、マラウイ内部で中国への期待と不安が交錯する状況が続いた。台湾が残した二つの事業、北部のカロンガ・チティパ道路建設事業と国会議事堂建設もまた中国に引き継がれていたが、これらはマラウイ側の期待値よりもはるかに小さな、台湾の事業の継承という最低限の保障にすぎなかった。

中国の支援の本格化？

このように、二〇〇八年半ばから「始動」した中国のマラウイへの経済支援だが、当初は基本的に台湾からの支援を継承する程度にとどまった。だが、二〇〇九年二月以降、中国側からマラウイへの援助は増していくことになる。二月にはマラウイ外交部への業務用品支援がおこなわれ、六月には一〇〇万ドル相当の化学肥料支援、二五〇〇万ドルの対綿花投資が相次いでなされたのであった。これらの支援は、同年五月におこなわれた大統領選挙に重なっており、中国によるムタリカ大統領支援とも受け止められた。こうした支援は以後も続き、九月には国際会議場および五つ星ホテル建設のための優待借款契約が締結されたのだった。また、従来よりマラウイ側から懸念が示されていたタバコ購入についても、中国大使館が支援に向けての状況説明をするなど、懸念は比較的払拭される方向に進んだようである。

同年末、国際会議場および五つ星ホテルの起工式に臨んだムタリカ大統領は、中国をほめたたえ、「真の友人」「偉大な友人」などと述べたと中国側の記録にはある[35]。これらの総額が当初いわれていた六〇億ドルに到達したかは別にして、中国の対マラウイ支援は二〇〇九年に大きく増加したのであった。翌二〇一〇年、マラウイは上海万博にマラウイ館を開設した。四〇以上の国や組織が集うアフリカ連合館の中での開設であり、資源国で

上海万博のアフリカ館のマラウイ・ブースに設けられた地図(2010年7月, 著者撮影).

アンゴラなどは単独の建物が用意されていた(2010年7月，著者撮影)．

単独開設が認められていたナイジェリアやアンゴラとはまったく異なる待遇であったが、マラウイ館ではマラウイ湖周辺に残る自然の側面と、都市化、近代化の両面が紹介されていた。

二〇一〇年から一一年にかけては、中国側から大規模な支援があったというわけではないものの、大学や中学校といった教育支援などがおこなわれ、上記のインフラ整備の一部が竣工することになっていった。マラウイから中国への留学生も送り出され、マラウイ在住の中国人商人も一〇〇〇人を超えるようになった。

二〇一二年一月一〇日、旧暦の新年の祝いに参加したムタリカ大統領は、スピーチで中国を「真の友」として持ち上げ、中国からの援助が条件付きでないことや、中国人の勤勉さから多くを学んだこと、さらに中国からの投資が雇用を創出していることなどを指摘したという。この「条件付きでない」というのは、欧米先進国ドナーが民主化への改革や、グッド・ガバナンスなどを要求するのに対して、中国はマラウイの主権を尊重し、またその経済発展重視の姿勢を受け入れ、そうした条件をつけない、ということであった。[36] 世界のドナー諸国にとって、また援助を受ける国にとって、援助に条件をつけようとしない中国の存在の意味がここにも現れている。中国の援助は利子が高めなときもあるが、手続きが迅速なのと、民主化や人権問題などの面で条件をつけないことがアフリカ諸国にとっては魅力的だとされる。ムタリカ大統領は、台湾から中国が受け継いで建設した北部のカロンガ・チティパ道路に自らの名をつけてビングー・ハイウェイとするなど、中国への歓迎姿勢を継続して示している。

中国の経済支援への懸念

しかし、このような大統領の姿勢がマラウイ社会全体に浸透しているというわけでは必ずしもなく、中国の進出を歓迎していない向きも存在している。たとえば、高速道路の起点となった北部のカロンガでは、行商や小売商のレベルで現地商人と中国商人の軋轢が拡大し、現地商人の商売が立ち行かなくなったため、中国商人が不正に物を安く売ったり、無許可で営業したりしているなどとして、政府などに対して訴えが起こされていると報道された。[37] また、二〇一一年一月には象牙などの密輸品を持ち出そうとした中国人が空港で逮捕されたことや、粗悪品を売った中国人商店主と客の間のトラブル、また中国系建設会社の雇用する現地労働者への賃金の低さなど、問題は噴出していた。

しかし、二〇一一年五月のガーディアン紙が、中国製の自転車に乗っているリロングウェ市民の様子を示す写真を、マラウイの発展に結びつけて紹介したことにあらわれるように、中国のプレゼンスが増していることは間違いないようだ。そのガーディアン紙の内容は以下のようなものであった。「マラウイにおける中国のプレゼンスは、国交を締結した二〇〇七年の一二月以来着実に増してきている。(中略)二〇〇八年五月に両国間で締結された「中国－マラウイ間の工業、貿易および投資協力における了解事項に関する備忘録」は、タバコ、綿花、鉱業、林業、肥料、そして皮革などの各分野での生産力増強に中国がコミットすることを定めている。二〇一〇年のマラウイ貿易省の報告では、両国間の貿易額は二〇〇七年度から二倍に増加し、二〇一〇年には一億ドルに達するとしている」。[38]

マラウイの選択は正しかったのか

マラウイの選択は正しかったのであろうか。ムタリカ大統領の中華人民共和国への承認変更は、確かに国会議事堂や高速道路、そしてスタジアムや五つ星ホテル、そして科学技術大学などの教育施設の建設を進めることにつながった。中国はマラウイ社会にお金を落とし、援助事業は雇用を創出した。またインフラ整備にもつながる面があり、マラウイの経済発展に一定の貢献をしたといえるだろう。これはタバコ産業をはじめとして、各産業への支援でもいえることである。一方で、中国から廉価な商品が入り込むことが、現地の諸産業と衝突する可能性をもち、実際に少なからぬ批判が起きているが、それが政権打倒の要因に至るほどにはならなかった。

中国の「条件付きでない」援助は、民主や人権の進展よりも経済発展を優先したい国々には心地よいものであり、欧米に対する牽制の意味でも、中国は利用価値がある。このような現地国にとっての中国の利用価値もまた、いわゆる「中国のアフリカ進出」のひとつの背景である。また、チャイナ・マネーが現地の政権を支持する源泉になっている、という側面もある。しかし、そのような中国に支えられた政権を批判する勢力も存在する。

ムタリカ大統領の中国選択は彼に一定程度有利に働いたようだ。その意味では、政権担当者としての判断には一定の意義があったと見ていい。だが、中国からの援助や投資は台湾からの引き継ぎ分プラスαにとどまっており、その経済状況を激変させるには至っていない。確かに中国からの産業支援や、対中輸出における関税面の優遇措置はあっても、マラウイ経済が一気に大転換を見せるわけでもない。中国のディベロッパーが手がける箱もの建設は、中国のプレゼンスを示すのにはいいが、産業上の効果は限定的だ。ムタリカ大統領と中国は、ともに成果を強調したが、社会における不安要素は残されたままだった。

結果的に、二〇〇九年の大統領選挙でムタリカ大統領は再選された。冒頭で紹介したザンビアのように、マラウイでもまた中国の支援が政局化してしまっていることを示している、ともいえる。こうした、中国との関わり方が各国の内政につながる事態は、中国の諸国との関係においてコストを増すことになるものの、世界各地で見られる事象となっている。このマラウイの事例は、世界的には中国外交が次第に「強硬」になっていく過程の中に位置付けられるものの、マラウイへの支援について中国が一定程度慎重で漸進的であったことにも留意が必要だ。中国の進出という言葉だけでマラウイの中国との国交正常化は読みとけない。マラウイ側による中国の選択という側面や、マラウイの世論の反応という側面もまた重要なのである。

第五章　マラウイと台湾の断交

アフリカ諸国と台湾

次に、マラウイと中国が外交関係をもったことを、その逆の面、つまりなぜマラウイが台湾と断交したのかという側面から見てみよう。

二〇〇七年一二月にマラウイが中華民国（台湾）と断交すると、アフリカ諸国で台湾政府を承認している国は、ブルキナファソ、サントメ・プリンシペ、スワジランド、ガンビアの四カ国となった。二〇世紀の末から、それまで台湾を承認していたアフリカ諸国は、相次いで台湾と断交して中華人民共和国を承認している。南アフリカ（一九九八年一月一日）、セネガル（二〇〇五年一〇月二五日）、チャド（二〇〇六年八月六日）といった国々がその例である。これらの国々は、資源国（チャド）、地域国際政治の主要国（南アフリカ）、戦略的拠点（セネガル）であり、マラウイのような農業国ではなかった。

このように外交関係のある国が減少する中で、台湾側も積極的にマラウイとの関係を維持しようとした。台湾とマラウイには、一九六六年以来の四二年間の友誼が確かに築かれており、主に農業分野と医療分野を中心に支援がなされてきた。台湾の進めていたプロジェクトには、北部のムズズ中央病院があった。マラウイの与党民主進歩党の基盤が南部にあったのに対し、ムズズは北部にある。この病院は、北部地域の基幹病院として成長し、両国の協力関係を示す象徴のひとつとなった。台湾の屏東地区から派遣された医療チームをはじめ、台湾の医療団がこの病院を拠点として活動してきた(1)。また、日本をはじめ各ドナー諸国、あるいは北部で活動するNGOにとっても、この病院は貴重な場であった。

マラウイからの留学生も台湾を訪れ、屏東科学技術大学などで学んでいた。そうした地道な台湾の援助は内外から高い評価を得ていた。また、二〇〇七年には北部の高速道路や首都リロングウェにおける国会議事堂建設も台湾からマラウイへの援助案件となっていた。

しかし、前述のように、マラウイは台湾との断交を決断した。二〇〇八年一月一四日、マラウイとの断交を公式に発表した台湾外交部の楊子葆政務次長(次官)は、以下のように述べた。

中華民国(台湾)は、一九六六年にマラウイと国交を樹立して以来、マラウイのインフラ建設や国民生活の向上のための計画を積極的に支援してきた。マラウイの歴代政権や人民は両国の邦誼(国家間の友誼)や協力に対して十分に満足していた。近年、中国は我が邦交国(国交のある国)に対してさまざまな工作をおこない、台湾とマラウイの関係についても何度もそれを破壊しようとしてきたが成果が得られなかった。だが、昨年(二〇〇七年)の後半になって六〇億米ドルを使ってマラウイを誘惑したのである。我が国は、台湾とマラウイの邦誼に鑑み、積極的に、かつ持続的にマラウイ政府とコミュニケーションをとりながら、協力面でも最大の誠意を見せた。しかし、それにもかかわらずマラウイ側は我が国から離れていき、中国と示し合わせた上で、我が国の元首が海外を訪問しているときをねらって中国との国交を樹立したのである。これこそ、我が国および台湾人民に対する辱めであり、四二年間の友誼に応じたものでも、また民主国家の手法ともいえないものである。(2)

台湾外交部は、中国側の金銭による「誘惑」をマラウイとの断交の理由として挙げたのだった。

では、マラウイから見た場合、なぜ台湾との断交を選択したのであろうか。この点について、著者は、前述のように、二〇〇八年三月にマラウイや台湾で関係者へのインタビュー調査をおこなった。そこには、マラウイ政府の閣僚クラスや外務省高官、また台湾外交部職員、マラウイ駐在経験者などを含む。

台湾・アフリカサミットとマラウイ

マラウイが中華民国と国交を締結したのは一九六六年である。だが、一九六四年にフランスが中華人民共和国を承認したのにともない、フランスから独立したアフリカ諸国も北京を承認し始めていた。そのような中で、マラウイが中華民国と国交を締結し、以後も良好な関係を築いたのは、南部アフリカの国際政治において大きな影響力を有する南アフリカが中華民国を承認していたことへの配慮という面があったという(3)。だが、その南アフリカも一九九八年に台湾と断交し、南部アフリカではスワジランドとマラウイを除く諸国が中華人民共和国と国交を結んだ。そうした意味では、マラウイの対台湾断交は時間の問題であったと見ることもできる。だが、南アフリカの対台湾断交後の一〇年間、マラウイは台湾と断交しなかった。それは台湾からの手厚い支援もあったからだろう。今世紀に入ってアフリカ諸国が経済発展する中で、また中国からの支援が活発化する中で、マラウイ政府も選択を迫られることになった。

資源価格の高騰にともなうアフリカ諸国の経済発展は、必ずしもアフリカ諸国全体に生じた事象ではない。台湾と国交を有している国には、資源高騰の恩恵に浴していない国も多く、そうした国々は、条件やタイミングが整えば承認の切り換えがなされる可能性があり、中華人民共和国も常にアプローチを欠かしていなかったという(4)。

だが、少なくとも台湾から見れば、当時の国交締結国の中で、マラウイは最も関係が良好な国であったのではなかろうか。二〇〇六年、国際連合において、マラウイのムタリカ大統領は、人口寡少なモンテネグロが国連に加盟できるというのに、中華民国を認めないのはナンセンスだと述べるなど、中華民国に好意的な発言をしていたという(5)。中華民国—マラウイ間の相互訪問も頻繁になされており、二〇〇七年六月には、ムタリカ大統領夫人の弔慰のため、陳水扁総統は特使として蘇貞昌をマラウイに派遣していた。また七月には、黄志芳外交部長一行がマラウイを訪問している(6)。

マラウイの首都リロングウェの台北公園.
門には1986年の許水徳台北市長の題字があった(2008年3月, 著者撮影).

そして、二〇〇七年九月上旬に、中華民国政府が中国のアフリカでの影響力拡大を意識して台北で開催した第一回台湾・アフリカサミット(Taiwan-Africa Heads of State Summit)には、ムタリカ大統領自身が参加し、台北宣言に署名した(九月九日)。この宣言には、陳水扁総統、ムタリカ大統領のほか、スワジランドのムスワティ三世、ブルキナファソのブレーズ・コンパオレ大統領、サントメ・プリンシペのフラディッケ・デ・メネゼス大統領、ガンビアのヤヤ・ジャメ大統領(実際には副大統領が列席)らが署名した。この台北宣言は全部で一二条から成り、サミットの総括というべきものであった。

このサミットでは、グローバル化時代の下で、台湾の経済発展を模範とするとともに、医療や環境問題、あるいはデジタル化、さらには貧困対策などについての支援を台湾がおこなうことを提唱し、行動綱領も定められていたが、基本的に国連ミレニアム宣言に則った支援をおこなおうとするものであった(7)。台湾は、無論中国との承認をめぐる競争をおこなっていたのだが、少なくとも援助の面では、物量というよりも、先進国としての標準、つまり質重視という姿勢を保ち、そうすることで中国との差別化をはかろうとしていた。

この台北サミットで、ムタリカ大統領は承認変更をおこなうような姿勢を見せていたのであろうか。表面的にはそのような予兆は見当たらないのだが、結果から振り返った場合、マラウイ側から台湾に対して一定のメッセージが発せられていたと見ることもできよう。台北において、ムタリカ大統領は、一九六〇年代の農業支援に始まる台湾の多角的な支援に感謝しつつ、次のように述べた。

マラウイは現在、貧困からの脱出を断固としておこないつつある。この点、我が国は台湾が小さな一歩から世界の主要な貿易国となったことから示唆を受けている。私たちも、マラウイが同じような成果を得ることができると信じている。まず、国民や社会では、貧困について、我が国に備わった属性ではなくて、国民の現在置かれている状態にすぎないという信念が浸透しているということだ。我が国は、豊穣な土地、水力発電や灌漑のための河川、漁業や養殖のための水質のいい湖、ツーリズム向けの山々、牛・ヤギ・羊の大規模牧畜業に適した広大な斜面など、きわめて多くの自然資源を有している。マラウイは、こうした天然資源を利用して新たな富を生み出し、それによって我が国の経済の持続的な成長を実現し、国民を貧困の陥穽から救い出そうとしている。私は、中華民国――台湾がこの発展のパートナーであると信じている。特に私たちは、台湾がこの私たちの発展のヴィジョンに即した支援計画を進めていくことを期待している(8)。

この発言をいかに解釈すべきであろうか。ムタリカ大統領の発言は、天然資源を利用した新たな富、そして国民を貧困から抜け出させるための新たな発展ヴィジョンを想定しており、台湾に対して、この発展ヴィジョンに即した支援を求めていたように見える。

このサミットの後、中華民国は対マラウイ支援を見直したのであろうか。結果から見れば、台北でムタリカ大統領が台北宣言に署名したのは九月九日で、ザンビア東部で中国側からマラウイの閣僚に国交樹立への打診がなされたのは九月五日だったと考えられる。単純に考えれば、ムタリカ大統領が台北で発言したときには、すでに中国からのメッセージをムタリカ大統領は知っていた可能性が高い。中国も、台北でのサミットにあわせて後述のように国交樹立を大統領側近に打診したとも想像される。あくまでも結果論だが、この台北サミット前後がマラウイ側にとっては承認問題の決定過程で重要な時期だったと考えられる。

また、九月一八日に開催された国連総会でも中国とマラウイ間で交渉がもたれた。このことは台湾当局も察知していた。この国連総会では中華民国(台湾)の国連加盟を求める国々が「安全保障理事会が安保理暫定手続規則第五九・六〇条および国連憲章第四条に従って、台湾の加盟申請案を処理するよう求める請願」の連署提案を提起していた[9]。基本的に中華民国と国交がある国々による提案であるが、その中にはマラウイを含む、台北のアフリカサミットに招かれた国々が含まれていた。この提案が国連で承認されることはない。だが、台湾からすれば、台北でのアフリカサミット開催も踏まえ、国連総会でこのような提案がなされるタイミングで、中国からマラウイにアプローチがかけられたということになる。台湾外交部は、断交後に、「中国はこれまで何度も台湾とマラウイの関係を壊そうとしてきた。最近では九月の国連総会のときに比較的強力に台湾とマラウイの友誼を壊そうとしていることがわかった」としている[10]。

断交阻止の試み

こののち、中国からマラウイになされるかもしれない、さまざまな経済支援の計画が話題になる中で、台湾側も経済支援を実施して断交を食い止めようとした。駐マラウイ大使の荘訓鎧は、台湾の国慶節である二〇〇七年一〇月一〇日に、首都リロングウェの国会議事堂建設、北部のカロンガ・チティパ道路建設を二、三年のうちに実現するよう努力することとともに、二〇〇八年度に八〇〇セットのコンピュータ支援、水上警備艇や鉄道支援についても言及していた[11]。コンピュータ支援は、先の台北宣言でデジタル化が課題とされていたことに対応していた。台湾側としてもできる限りの中国への対抗策を練っていた、と見ることもできるだろう。しかし、たとえば北部の道路建設は、台湾側の援助だけで実施されるわけではなく、世界銀行からの支援も期待されていた。その世界銀行部分を中国の企業が落札したために台湾からの援助が頓挫していたのだが、その点をいかに調整するのかについて、報道によれば、荘大使は述べていないようであった。

二〇〇七年一二月、台湾外交部楊子葆政務次長およびアフリカ局長の張雲屏がマラウイを訪問し、関係維持を図った。その際、マラウイ外務省は関係不変を強調していた。張局長はマラウイ訪問時の感想として、以下のようなことを述べている。

台北公園内の亭．台湾とマラウイの友誼の象徴のひとつであった（2008年3月，著者撮影）．

一二月に張アフリカ局長がマラウイを訪問した際にわかったのは、台湾とマラウイ間の食糧増産やインフラ建設などの既存の協力計画についてはすでに成果を挙げていることだ。マラウイ国民は基本的に十分に食べられるようになっているので、これからは台湾の経験に則り、輸入代替・輸出促進と持続的発展政策を遂行し始めなければならない。我々はこれまで同様に開かれた態度でマラウイに接し、これまでの協力政策を見定め、協力の段階をランクアップさせる必要性を感じた。(12)

結果論から見れば、九月のムタリカ大統領発言から三カ月を経た一二月末になって、局長が状況を把握したということになろうか。後述のように、九月に国連を場として中国からマラウイにアプローチがかけられていたことは、台湾側も承知していた。また、中国が以前よりも強力にマラウイに接近していることも認識していたという。いずれにしても、九月から一二月のわずか三カ月の間に、マラウイは経済建設を理由にして中華人民共和国への接近を一気呵成に進めていたのである。そうした意味では台湾側の対応は遅きに失したといえる。

二〇〇七年一二月二八日、マラウイと中華人民共和国は国交を樹立した。これに対して、台湾側も黄志芳外交部長のマラウイ派遣を計画したが、ムタリカ大統領は同部長との会見を事実上拒否した。それに関する報道は、一月四日に「ムタリカ、台湾特使を鼻であしらう」として掲載された(13)。

断交後のマラウイ―台湾関係

二〇〇八年一月一四日、中華人民共和国とマラウイとの国交樹立が宣言され、あわせて中華民国からマラウイの断交も通告された。ここまで公表が遅れた理由は二つ考えられる。第一は、台湾の内政上の理由である。すなわち、二〇〇八年一月一二日には台湾で立法院委員選挙がおこなわれた。年末以来の対マラウイ断交に関する報道、たとえば黄志芳外交部長がマラウイ大統領から会見を断られて訪問を断念したことなどは、台湾の与党民進党にとってマイナスに働いたであろう。第二は、中国が台湾を牽制するためにここまで遅らせたという理由である。陳水扁総統が一月一一日からグアテマラ共和国のアルバロ・コロン新大統領就任式に出席すべく中米を訪問することになったので、それを牽制するために一四日にした、というのである。[14]一月一四日に台湾外交部がおこなった会見でも、このタイミングで公表したことを台湾の元首の外遊にあわせたものだとしている。[15]

中国とマラウイとの国交樹立が宣言されると、マラウイ政府は「ひとつの中国」を支持し、台湾との一切の公式な関係を断絶させた。[16]マラウイ側は、断交に際して経済文化関係を継続しておこなうための事務所開設を検討しなかったという。アメリカや日本のような、経済文化関係を維持するモデルを採用しなかったのは、実質的な経済交流などがほとんど見られないからであった。[17]

一月一四日夕方、台湾外交部の楊政務次長がマラウイ共和国との外交関係の断絶、および一切の援助計画の停止を宣言したが、楊次長は、先に見たように、中国が六〇億ドルでマラウイを〝誘惑〟したことを断交の理由としていた。

台湾の大使館は一カ月以内の退去を命じられた。また援助のための人員も同様に退去することになった。マラウイの台湾大使館には六名、技術団、医療団などの人員が一四名いた。台湾のマラウイ大使館も閉鎖されることになったが、台湾で学ぶ留学生などは継続して学ぶことが認められていた。この後、台湾の駐リロングウェ大使館職員が財産の処理などを続けたが、それは三月末まで継続した。[18]

前述のように、マラウイと台湾の断交後、二〇〇八年の初旬は特に支援計画は実現せず、年内に実現したのは中国による台湾のプロジェクトの継承にすぎなかった。初年度はマラウイの期待通りにはいかなかったのである。それに対して、二〇〇九年二月四日、台湾の『自由時報』が「マラウイが台湾との断交を後悔」という記事を掲載した。ここでは、中国側が当初ちらつかせた六〇億ドルはまったくマラウイには落ちてこず、ムタリカ大統領は大いに後悔することになったが、台湾の馬英九総統は外交休兵をとなえて、承認変更を後悔するマラウイとの国交再正常化を受け入れることはない、とされた。また、このムタリカ大統領の不満は、同年一月の中国の楊潔篪外相のアフリカ四カ国歴訪（マラウイを含む）の後に出たものだ、などと報じていた。[19]つまり楊外相がマラウイ側の期待通りの「お土産」を持参しなかったということである。この記事の信憑性をどのように考えるかは別にして、ムタリカ大統領が不満をもっていてもおかしくないほど、二〇〇八年の中国のマラウイへの関与は限定的だった。

だが、マラウイでは二〇〇九年に選挙も予定されており、中国の支援は次第に本格化していったのである。

第Ⅲ部

溢れ出す中国

——周辺外交の舞台——

第Ⅲ部では、中国の周辺外交の舞台について見ることにしたい。中国は、一九八〇年代から次第に自らの周辺に位置する反共国家との国交正常化をおこなってきた。一九八〇年代のいわゆる「新冷戦」の下で、東アジアでは冷戦構造が弛緩していたこともその背景にあった。この時期、フィリピン、韓国、台湾が「反共」を掲げた権威主義体制から民主化へと向かった。一九八八年のソウル・オリンピックに代表団を派遣したように、中国は資本主義陣営に属するアメリカの同盟国にアプローチを始めていた。

一九八九年の天安門事件後、先進諸国は中国に経済制裁を課し、鄧小平は「韜光養晦」を唱えるようになったとされるのだが、中国はまさに「有所作為(とれるものはとる)」政策をその制裁下でおこなっていた。そのひとつが韓国、シンガポールなどとの国交正常化であり、またひとつが新たに生まれた中央アジアの国々との国交樹立だった。このようにして周辺の国々との外交関係を拡大した中国は、次第に周辺諸国との地域協力枠組みを強化していく。

二〇一六年、中国はASEANとの関係樹立二五周年を祝ったが、これは一九九一年にメコン開発協力をASEAN諸国と始めたのが関係の起点だという解釈に由来する。中国は一九九五年にベトナムがASEANに加盟するといっそう協力を深め、アジア通貨危機以後、経済圏形成へと動いていった。他方、中央アジアとは国境管理を基礎とした上海ファイブ(中国、ロシア、カザフスタン、キルギス、タジキスタンの五カ国首脳会議)を築き、それが包括的な協力関係の構築を目指す上海協力機構へと発展していった。

こうした周辺諸国との関係作りは、中国国内の周縁地域の経済発展のためだという側面がある。中国は一九九〇年代に隣接する国々との国境問題の多くを解決し、国境貿易を可能にした。そして辺縁各省に国境の向こう側の国との貿易を促したのだった。胡錦濤政権は、こうした周辺諸国との関係を「周辺外交」と位置付けた。これは、対外政策において経済発展を重視する韜光養晦政策の一環であった。この時期の中国は時に領土問題で譲歩しながらも、経済を優先していったのである。

だが、胡錦濤政権後半期、中国は領土問題で譲歩しなくなり、核心的利益という概念を用いながら、主権・安全保障面で強硬政策を採用するようになった。周辺の国々は、経済面では中国に依存しながら、主権や安全保障面では中国と衝突するようになった。習近平政権は胡政権の政策を継承しつつ、南シナ海で基地建設を進めるなど、さらに強化している。「一帯一路」というのも、胡錦濤政権期の周辺外交を昇華させ、空間的な範囲を広げただけでなく、経済面や安全保障面もそこに織り込んだ政策となっている。

日本も含め欧米メディアは、このような中国の周辺外交を、「中国の台頭」という目線で、あるいは「中国の脅威」として描いている。このこと自体に異論はない。特にインド洋を中心とする海のシルクロードは、安全保障面での色彩が濃く反映されている。だが、果たしてその中国の「侵出／進出」とされる事態を、周辺の国々はどのように捉えているのか。中国と周辺国の境界では果たして何が生じているのだろうか。これらの点について、胡政権から習政権への交代期の状況について考察してみたい。第六章では中国・ASEAN博覧会が毎年催されている南寧、第七章では中国とミャンマーの国境地帯について述べる。第八章では、必ずしも周辺外交の対象とはいえないが、「中国の進出」が語られる東チモールの事例を取り上げる。こうした地域からは、胡錦濤政権の周辺外交はどのように見えたのだろうか。

第六章　中国・ASEAN南寧博覧会参観記

中国とASEAN

一九九〇年代以来、中国はASEANとの関係を強化してきた。メコン開発協力に始まり、自由貿易経済圏の形成に至るまで、四半世紀にわたり、その協力関係は進展してきたといっていい。だが、周知の通り、胡錦濤政権後半期には南シナ海問題などが発生し、経済面でのASEANとの協力関係とは裏腹に、主権や安全保障面などの政治外交面では、緊張関係が東南アジア諸国との間でも見られるようになった。中国は、経済面ではASEANを通じた多国間主義をとりながら、南シナ海問題などでは二国間関係で問題解決を図ろうとするようになった。

その中国とASEANとの間の経済面での協力関係を示す場には、「ASEAN＋1（中国）」があるが、このほかにも、毎年九月に中国の広西チュワン族自治区の南寧で開かれる、中国・ASEAN博覧会（CAEXPO）がある。広西チュワン族自治区はベトナムに隣接し、中国とASEANとの間のコネクティヴィティの前線基地である。(1)著者は、二〇一二年九月に二度南寧を訪れ、二一日から二五日に開催されていた第九回中国・ASEAN博覧会を参観した。この博覧会には、当時次期指導者とされていた習近平が、尖閣諸島をめぐるトラブルの過程で公務日程をキャンセルしてから初めて公の場に姿を見せるということもあって、特に注目を集めていた。

この博覧会は南寧の「南」をとって〝南博〟と呼ばれ、当時、日本の研究者の関心を集めていた。それはなぜか、と問われれば、やはり中国とASEANの、とりわけ陸路におけるつながりのひとつの象徴がこの博覧会だと考えられてきたからだろう。南博では「10＋1＞11」という標語が掲げられているが、これも、中国とASEAN一〇カ国がたんに一一になるのではなく、それ以上の力を発揮するということを含意している。

著者は、南寧で地方政府当局や、南寧駐在東南アジア諸国外交官、あるいは企業家などにインタビューをとった。この南博なるものが、果たしてどのような場なのか、そしてそれぞれの〝当事者〟たちがこれをどのように見ているのかということを、可能な範囲で聞き取っていった。また、この博覧会を見学し、関係者に話を聞いた。短期的な調査で知り得たことには限りがあるが、これも中国の周辺外交と周縁統治の一環と考えられる。

博覧会の成り立ち

中国・ASEAN博覧会は、二〇〇四年から毎年この南寧で開催され、著者が訪問した二〇一二年は九回目であった。二〇〇三年一〇月八日の中国・ASEAN間の首脳会談で、温家宝総理が開催を提唱したことに由来する。「中国・ASEAN間の自由貿易地域建設、相互協力、発展の促進」を旨としており、商品貿易、投資協力、サービス取引がその主な内容とされ、中国・ASEAN間の商業貿易協力を拡大するための新たなプラットホームになることが期待されていた。そして、中国およびASEAN各国の経済貿易の主管部門(中国では商務部)、ASEAN事務局が共同で主催し、広西チュワン族人民政府が請け負った事業だという位置付けであった。(2)

著者が訪問したときの博覧会の会場は、メイン会場である南寧国際会展センター、また南寧華南城、広西展覧館の三カ所である。メイン会場には屋内、屋外会場があり、屋内会場は二層＋別棟ホールから成る。この展覧会は各国別に出品、出展希望を募り(あるいは要請して)、それらのリストを受け取った中国側が調整をおこなうとされていた。博覧会全体のブースは四六〇〇、そのうちメイン会場が室内二八〇〇、屋外六〇〇、華南城の軽工業展が六〇〇、広西展覧館の農業展が六〇〇とされていた。(3) ASEAN諸国は均等なスペースが割り当てられているわけではなく、希望するブース数などに応じて分配されていた(4)。ASEAN各国では政府の担当部局が窓口になるものの、たとえばインドネシアについていえば、インドネシア中華総商会、インドネシアー中国経済・社会・文化協力協会、インドネシア工商会館中国委員会が仲介機関となって斡旋にあたるなど、仲介組織もあった(5)。

九月二一日から二五日の会期のうち、最終日だけメイン会場が一般に公開されるが、それ以外の日は原則として事前に配布・販売されるチケットがなければ入場できない。だが、華南城は無料、展覧館は一〇元で、会期中、誰でも入場できた。著者は、二四日にメイン会場、二五日にほかの二つの会場をまわった。その印象は一般的にいわれていることとはやや異なっていた。一般的には、この博覧会が中国とASEANの緊密な関係を示す象徴的な場であり、それが南寧という場の、中国とASEANの橋梁としての価値だといわれる。だが、これから述べていくように、状況はそれほど単純ではなかったのである。

博覧会の風景①——南寧国際会展センター1F

市内中心部から見える白い円錐状の建物が、メイン会場たる南寧国際会展センターである。この博覧会の会期以外は、イベント会場などとして利用されている。市民の結婚式会場としても人気の場所となっている。
このメイン会場のゲートでは厳重な(そう見える)セキュリティ・チェックがある。一般公開の日でなければ、チケット販売所はゲートの近くにはない。このゲートを入ると、メイン会場に至るアプローチまで屋外展示場となっている。そこには主に自動車が並べられている。しかし、世界の自動車産業の一大生産地となっているタイで製造された自動車が展示されているわけではない。一見すると、中国で生産された車ばかりである。中国・ASEAN博覧会ではあるが、当然ながら中国側の展示物が圧倒的に多いのだ。この違和感は会場に入ってから益々強まることになった。

南寧国際会展センター．当時は南寧市の最新の大型イベント会場であった(2012年9月，著者撮影)．

会場内の建物一階に配されたパビリオンは、先進技術(Advanced & Applicable Technology)、投資協力(Investment Cooperation)、魅力の都市・サービス貿易(Cities of Charm and Trade in Services)から成る。その横の別棟ホールには、一般向けレストランとともに、ASEAN各地の珈琲のブース、そして台湾からの産品(茶や日用品など)のブー

メイン会場1階の河南省商務庁のブース．インフラ事業を国際的に展開する国有企業なども紹介していた．「省」もまた対外関係の重要なアクターである（2012年9月，著者撮影）．

スが並んでいた。三会場を通じて台湾の存在が比較的大きいことも、印象的なことであった。このころ、中国はＡＳＥＡＮ＋中国の枠組みに台湾を組み込むことを模索していたようであった。だが、この「南博」への台湾企業の誘致については、必ずしも北京と台北の政府レベルでの合意に基づいていたのではなく、おそらくは南寧市人民政府台湾事務弁公室の台湾企業への働きかけによるものだったと思われる。

第一会場の一階には上述の三パビリオンがあるが、入り口の左にある「投資協力」のパビリオンには、中国アルミ公司、中国路橋工程有限公司などといった著名な国有企業のブースが並ぶ。ここには中国各省の商務庁（あるいは対外貿易・経済合作庁）が媒介したインフラ建設がらみの国有企業が多くのブースを出しているのである。そこは対ＡＳＥＡＮ進出を企図している中国企業のブースだということになる。ただ、このパビリオンにＡＳＥＡＮ側の人々がたくさんやってきて、これらの展示に見入っているという様子は見られない。見学者はほとんどすべて中国人だからである。もちろん、中国側とＡＳＥＡＮ

側との会議や商談の機会は、〝対接会〟〝論壇〟などというかたちで開かれている。ASEAN側の閣僚と中国側企業家の対話という形態のものもある。この点はガイドブックで確認できる。だが、そうした場でどの程度商談がまとまるのか、確認できてはいないし、ASEAN諸国からの客人がどの程度こうしたパビリオンのブースを見ていたのか、判然としない。

入り口を入って、一階の右手に配された「先進技術」パビリオンも、ほとんどすべてが中国の企業や大学のブースである。環境に配慮した農業関連産品や、食品生産のための機器などを展示したり、実演したりするブースが連なる。だが、これらの〝技術〟が先端的かと問われると、素人目ながら、最先端というわけではなく、既存の技術を簡便かつ廉価にしたものも少なくないように思える。

一階奥の「魅力の都市・サービス貿易」パビリオンは、中国およびASEAN諸国の〝魅力ある〟諸都市(Cities of Charm)が紹介されている。ここでは、主に観光サービスに重点が置かれているのだろう。ブルネイはバンダルスリブガワン、シンガポールはシンガポールなど首都が挙げられていたが、カンボジアはプノンペンよりも知名度が落ちる第二の都市バタンバン、インドネシアは津波で被害を受けたスマトラのブンクル州、ラオスは観光地として知られるカムムアン、マレーシアはクアンタン、タイはチェンマイを〝魅力ある〟都市としてブースを出していた。これらのブースの展示や表現に一種のオリエンタリズム的なステレオタイプが広く見られたことは言うまでもない。他方、ミャンマーは、サイバーシティ計画のあるヤダナポン、フィリピンはクラーク自由港、サンフェルナンドを取り上げていた。これらは投資目当てと見ることもできるだろう。

この会場では随時、民族舞踊等の実演があり、観客の注目を集めていた。他方、ここには中国側のものもあり、天津市などがブースを出していた。だが、著者の目を惹いたのは、小さいながらも韓国の忠清北道のブースであった。

南寧市の反日デモ．明らかな官製デモで，参加している若者よりも周囲の公安（制服，私服）のほうが多かった（2012年9月，著者撮影）．

この広西チュワン族自治区や南寧市とは熊本や秋田が深い関係を有しているが、当時の尖閣諸島をめぐる騒ぎで日本からの出展は見合わされたという話も耳にした。

博覧会の風景②——南寧国際会展センター2F

第一会場の長いエスカレーターを二階に上がると、そこには中国・ASEAN博覧会のイメージに近い空間が広がっている。一階から二階に上がるところでは、ミャンマーの宣伝の横断幕がかかる。エスカレーターを上がりきると、手前の左右六ブースが東南アジア向けに配されている。ASEAN一〇カ国に六ブースである以上、一ブース一国というわけにはいかない。一国にひとつのブースが与えられているのは、タイ、マレーシア、ベトナム、インドネシアの四カ国。ラオスとミャンマーは二分の一ずつで、残りの一ブースをブルネイ、カンボジア、フィリピン、シンガポールが使用していた。それぞれには、小さなブースが作られ、テナントが入っていた。

四号ブースのタイは七十数社がエントリーしている。香り米はもちろんのこと、宝飾品や化粧品、美容系、シルクなどのブースが並ぶ。五号ブースのマレーシアは一三五社がエントリーしている。化粧品や美容関係の製品とともに、伝統的な燕の巣などといった高級中華食材も目についた。食品が多いという印象であった。六号ブースのベトナムには一五〇社がエントリーしている。このベトナムのブースでまず目に入るのが、スニーカー、サ

2階のベトナムの展示スペース．靴や衣類の生産拠点が珠江デルタからベトナムに移動したことを反映してか，廉価な靴が売られていた（2012年9月，著者撮影）．

ンダル類等の履き物である。これらの産品の生産拠点がすでに中国からベトナムに移動していることをうかがわせた。また、友誼関など広西とベトナムの国境地帯でおこなわれている貿易の主力産品のひとつである紅木も多く展示されていた。

一三号ブースにはシンガポール、ブルネイ、カンボジア、フィリピンの四カ国のブースがある。シンガポールのブースは閑散としており、ブランド品のブースもあるが人もまばらであった。四カ国の中で、とりわけ力を入れていたように見えたのはカンボジアであった。貴石や宝飾品などはもちろんであったが、主力輸出品である米や、キャッサバの加工品(タピオカの原料、あるいは工業原料にもなる)などが所狭しと並んでいる。フィリピンやブルネイのブースには中華食材などが目立つ。一四号ブースはミャンマーとラオスに割り当てられている。ミャンマーのブースには、国境貿易で扱われる翡翠《ひすい》、また木工品などのほか、中国から投資を呼び込むようなブースまで多様である。ラオスのブースも、宝飾品、伝統的織物などが並ぶ。一五号ブースのインドネシアには一二〇のブースが出されている。木工品、香物などのほか、投資を呼び込もうとするブースもある。

これらの東南アジア諸国のブースは、商談のための場というよりも、中国人のための小売店という状態であった。総じて、大陸部東南アジアであるCLMV(カンボジア・ラオス・ミャンマー・ベトナム）とインドネシアの存在感が感じられたが、展示物は食材、宝飾品、木工細工などといった〝伝統的〟な貿易品が中心という印象であった。なお、この二階には電子機器、建築材料等のスペースもあったが、これらは基本的に中国系企業のための展示場であった。

博覧会の風景③——第二会場・第三会場

第二会場は南寧華南城という、市内から車で三〇分以上はかかる場所にある。市内の主要地から無料シャトルバスが走っている。(6) この「華南城」という場所は、今後の中国・ASEAN博覧会を考える上で重要な拠点だと位置付けられているようである。というのも、この施設が中国・ASEAN間の「商品展示」の常設化を目指すものだからであり、これが完成すれば、年に一度開かれる南博の商品展示上の意義が変化していくことが想定された。

この華南城構想は、二〇一一年一〇月の第八回中国・ASEAN商務・投資サミットにおいて、温家宝総理が提唱したものである。温総理は、南寧に中国とASEAN間の産品展示と交易、および物流基地としての「交易センター」を作ることを提唱し、その翌日にこの華南城が正式にスタートすることになったとされる。(7) この華南城建設は、二〇一一年一一月の中国・ASEANサミットで確認された。いろいろな会議での決定事項をサミットで再確認して最終決定とするのが、このころひとつのパターンとなっていた。興味深いのは、この構想がその後拡大し、南寧のみならず、ハルビン、鄭州、南昌、河源、西安、深圳など、各地にこの華南城が設けられようとしていたということである。実際、これらの場所をはじめ、幾つかの場所に華南城と呼ばれる施設が建設されていった。(8)

だが、これらの施設は当時計画段階にあり、この南寧華南城が先端事例ということであった。また、南寧華南城で完成されるべき四つの建物のうち、機能していたのはこのときに会場とされていた第三号館(の一部)だけであった。第一号館は上海の企業により受注されたが、まだ建設前であり、第二号館、第四号館は未完成であった。この第四号館の一部には、いずれASEAN各国の展示ブースが入るとされていたが、全体の比率からして、ASEANの産品展示が〝その程度〟しか占めていないことが示唆的であった。

華南城にはさまざまな投資や協力に関する商談をおこなうスペースもあるが、〝軽工業品〟のための展示会場でもある。確かに衣類なども多いが、食品も少なくない。第一会場が国営・国有の大型企業が中心であったのに対して、ここは中小規模の企業の出品が多いようである。また、目を引くのは台湾からの出品であった。第一会場では、台湾からのブースは別棟にあったが、ここでは比較的広いスペースをとって、食品や日用品が展示されていた。メイン通りの周囲にはベトナムやミャンマーからの食品などのブースが配されていたものの、全体から見れば、それは人通りの多いところにあえて目立つように分配されたものであった。何よりも強調しなければならないのは、中国、台湾からのブースが大半を占めていた、ということである。

第三会場は市内の中心部、鉄道の南寧駅に近い広西展覧館にある。ここは他の二会場に比べると相当にクラシックな作りである。農産物の展示が中心であり、漢方薬、酒類、各地の特産物、そのまま食べられる食品等が多く展示されているほか、農業加工品についての技術面での展示もあった。会場内はそうした農産物を求める人々でごったがえしていた。だが、この会場について強調すべきは、ブースの大半がチベットなどを含む中国からの、または台湾からのブースであり、ASEAN諸国からの出展がほとんど見られず、ベトナムからのブースがひとつ確認できただけであったということである。

三カ所の会場をまわることで、感覚的であれさまざまな印象をもったが、それは以下の三点にまとめられる。第一は、この博覧会が中国・ASEANの協力の象徴という位置付けが与えられているにもかかわらず、全体としては中国側の展示物で大半が占められており、もちろんここを訪れる〝観客〟の大半も中国人であったこと。第二は、初日の政治的なイベントや、おそらく別室でおこなわれていた商談等の様子は見えなかったので判断は難しいが、少なくとも会場を表面的に見れば、中国人が各ブースの展示物を〝購入〟することが、この会場でおこなわれていたこと。第三は、この博覧会のあり方が当時模索中であり、その後変化していく可能性に満ちているということ、であった。実際、中国はそれ以後もこの博覧会を続け、また昆明でも中国―南アジア博覧会を開催するようになっていった。

南寧における中国・ASEAN関係への問い

二度にわたる南寧訪問の間、この中国・ASEAN博覧会、また中国・ASEAN関係における南寧の位置について、市政府職員、民間交流団体職員、企業家、南寧駐在ASEAN諸国外交官などにインタビューをおこなった。

広東の西に位置する広西チュワン族自治区は、雲南省とともに、メコン開発のための国際的枠組みである、GMS（大メコン圏）開発計画の構成メンバーになるなど、中国の大陸部東南アジアへの「窓口」として知られる。中国・ASEAN博覧会は、まさにその象徴としての存在であり、毎年中国とASEAN諸国の首脳と担当大臣が集まる。確かに南寧は、このような政治的な場であり、相応に財政面でも手当がなされる場である。

このような中国の政策は、沿岸部であげられた利益を使いながら内陸の経済発展を促す、いわゆる〝西部大開発〟と関連したものであることは容易に想定できるだろう。ベトナムがASEANに加盟した一九九五年が、中国が対ASEAN周辺外交を積極化した転機となったとしばしば指摘されるが、南寧への中央からのてこ入れも、ASEANとの関係を雲南や広西といった(中国にとっての)辺縁地域の発展に絡ませていくためになされているものと理解することもできる。そうした意味で、南寧におけるASEANという要素は、そのような発展のひとつのチャンス、契機として機能している。この南寧という場に「絡んでくる」東南アジア諸国も、そうした中国の意向、広西や南寧の意向を承知しているという。南寧駐在のある東南アジアの国の外交官は、これは「南寧ゲーム」だと言った。実際、広西や南寧は中央政府のおこなういわゆる「外交」の常識を無視して、地方政府として「ASEAN」を標語のように用いて、さまざまな機会を模索している。ASEAN側にもそうした「浮いた」話に、時には外交手続きを踏まえず、あえて魅きつけられる向きもあるという[9]。

だが、こうした南寧の「ゲーム」は一見華やかに見えるし、中国とASEANの密接な関係を物語るようでもあるのだが、その華やかさと実質的な関係との間には、依然距離があるという話も耳にした。海をもたない南寧と東南アジアとの陸路貿易は、中国と東南アジア間の貿易全体においてどれだけの比率を占めているのだろうか。この問いに対する回答は、『中国―東

中国・ベトナム国境地域で通関を待つトラック．「回廊」が物流の動脈になるのにはまだまだクリアすべき課題が多いようであった(2012 年 9 月，著者撮影)．

盟商務年鑑』などで確認できるのだが、海路での貿易に比べれば、陸路の経済活動は微量、微額ということになろう。高速道路網の開通によりコネクティヴィティが高まり、さまざまな「回廊」の出現によって、陸路貿易が大きな意味をもつという話も聞く。だが、荷物の上げ下ろしや、ナンバープレート問題、そして通関可能な車の総量規制など、通関に際してのさまざまな障害が指摘される[10]。これらの障害は貿易に従事する企業により指摘されるが、行政当局は制度面で改善を図っているという。いずれにせよ、当時の南寧はゲームの場ではあっても、本当の「窓口」であるとは言い難い面が実質的にはあった。

また、南寧に設けられた国際ビジネスエリアには、国際交流のためのさまざまな施設があり、南寧の対外関係の象徴的な場ともなっている。だが、それについてもその建設に際してＡＳＥＡＮ諸国との協議がなされたわけではなく、特定の現地企業に請け負わせるかたちで進行し、ＡＳＥＡＮ諸国の意向は必ずしも反映されていないという。もちろん逆の証言もあり、カンボ

ジアのように、南寧市の施策に感謝し、積極的に自国産品の売り込みや投資をおこなおうとする国もある。(11)

南寧にはマレーシア系のホテルやスーパーマーケット関連投資があり、タイからもサトウキビ生産に関する投資がなされていた。だが、シンガポールにしても、タイの主要産業などにしても、全体としては広東や上海など中国沿岸部との経済関係が中心であり、南寧にはそこまで魅力がないという。だが、それでも博覧会がおこなわれ、ゲームの場である南寧は気になる存在だというのである。

興味深いのは、中国側からしばしば利用される〝ASEAN〟という看板が、南寧の場では実質的でないということである。つまり、南寧に駐在するASEAN諸国の総領事館同士の交流は定期的にはおこなわれていないようであるし、政策調整等もなされていないという。つまり、中国・ASEAN関係と簡単にいわれるものの、南寧においては、まずは中国と東南アジアのそれぞれの国との二国間関係が基礎にあり、ASEAN諸国は、むしろ南寧でのゲームのプレーヤーとして互いに競争したり、牽制したり、あるいは無関係な状態にある。だが、「ASEAN」というまとまりが中国側から、あるいは東南アジア諸国側から求められるときになると(たとえば博覧会のような華やかなイベントが開かれるとき)、ASEANが現れ、中国・ASE

AN関係がそこにあるように見える、というのである。二国間でおこなわれる中国―東南アジア諸国の外交関係と、中国とASEANとの外交関係、この両者がどのようなときにそれぞれ機能しているのか、それが重要な論点になる、ということであろう[12]。

東南アジア諸国やASEANと向き合う「中国」とてひとつではない。中央政府のほかにも、雲南、広西といった省や自治区、さらには南寧市政府、そして企業など多様な主体が関わりをもっている。もちろん、香港やマカオも重要な要素として指摘される[13]。これは上述の海路の重要性とも関連する。実際、中国とベトナムなどとの関係を考えるときには、香港との関係をまずはおさえるべきだという指摘もあった。

インタビューした企業家からは、博覧会には関心がないとか、初めて見たとか、あるいは政府に近い企業しか出展しないとかいった声が聞こえてきた。また、そもそも何かしら売れ筋があれば、自ら先んじてそれを取引するのであって、博覧会の展示ブースなどで相手側と関係を築くことはない、博覧会に出品するなどそもそも出遅れた行為だ、との話も聞いた[14]。実際にベトナムなどとの貿易をおこなっている企業からすれば、博覧会はこのように見えているのかもしれない。しかし、それでもなお、このような「場」、ゲームが依然機能し続けているのには、相応の理由があるのだろう。それは、政治の場であり、マネーゲームとしての要素があるということかもしれない。

だが、南寧側とて、現状に安住するわけでもないし、こうした「限界」を察知してもいる。海のない南寧が市域を拡大し、海岸部の港湾を市域に含み込み、海に出ていくこと。そのような壮大な計画も耳にした。この後、広西は南シナ海への海の窓口となることを目指し、新たな海の回廊の建設に乗り出した。そこでは北部湾国際港務公司などが、港湾建設などで活躍することになった。

ここにも中国と周辺諸国との間の揺れ動くフロンティアが垣間見えたのであった。

第七章　二一世紀の援蔣ルート——雲南・ミャンマー国境

中国軍、ビルマ遠征七〇周年記念？

二〇一二年四月三日、ミャンマー（旧ビルマ）にある中国大使館で、「中国軍のビルマ遠征作戦七〇周年座談会」が開催され、李軍華大使をはじめ、遠征軍の第二〇〇師団の師団長であった戴安瀾将軍の子で、現在は江蘇省共産党委員会の統一戦線部副部長の戴澄東、そして留学生や華僑など約六〇人が参加したという(1)。

日中戦争中、ミャンマーから雲南へと抜けるルートは援蔣ルートといわれ、戦場となった。日本軍は、このルートを遮断しようとした。日本軍に攻められた連合国側は、一時インド東部から航空機でも援蔣ルートを利用した。そののち、援蔣ルートのうち、特に雲南・ミャンマー国境地帯が日中間の戦場となり、最終的には中国軍が勝利をおさめ、日本軍は玉砕した。その過程で中国軍はミャンマー北部に展開し、そこから逆に雲南に攻め入ったのである。それが「ビルマ遠征軍」である。もちろん、ここでの「中国軍」というのは中華民国国軍であり、共産党の軍隊ではない。なお、余談であるが、戦後、国共内戦に敗れて台湾に遷った中華民国政府は、ミャンマー方面から中華人民共和国への反撃を試みた。だがやがてそれも諦め、この地域で抵抗していた人々を台湾に移した。いまでも台北郊外の南勢角付近にはそのミャンマーからの移民の街区(緬甸街)がある。そこではミャンマー語や、台湾では見慣れない仏像などが多く見られる。

二〇一二年二月、日中歴史共同研究の調査活動の一環として、援蔣ルートの一部にあたる雲南省西部の保山《ほざん》から龍陵《りゅうりょう》を、約四時間かけて辿った。実はミャンマーのヤンゴンからラシオを経由して雲南省の昆明に至る援蔣ルートは健在である。とりわけ山間部では、当時の石畳がそのまま残されているところも少なくない(一三九頁図)。

このときの調査では、昆明から保山へ航空機で移動した。保山から龍陵はすでに高速道路もあるのだが、かつての援蔣ルートが旧道として利用されているので、あえてそこを通った。そして、龍陵から徳宏傣《とっこうたい》族景頗《チンポー》族(景頗族はカチン族のこと)自治州に属する瑞麗《ずいれい》市のミャンマー国境(畹《えん》町)まで行き、さらに北上して騰衝《とうしょう》(騰越《とうえつ》)にも足を延ばすことができた。この地域は、まさに中国―ミャンマー間の辺境貿易がおこなわれ、さらに中国―ミャンマー間のパイプラインが建設されることになっていた、中国のフロンティアのひとつであった。

中緬関係の進展

江沢民政権から胡錦濤政権期にかけて、中国とミャンマーの関係は急速に発展した。一九八〇年代後半にミャンマーで軍事政権が誕生すると、西側諸国が非難を強める中で中国はいち早く同政権を承認した。そして、天安門事件後に同じく西側から非難を受けた中国は、周辺諸国への善隣外交を展開するが、ミャンマーも例外ではなく、一九八九年一〇月に訪中したタンシュエ副議長とキンニュン第一書記を厚遇し、経済協力や武器援助を決定したのであった。同年、かつて中国共産党が支援し、中緬国境地帯で反政府武装闘争を続けていたビルマ共産党が分裂、中緬間での国境貿易がなされる素地

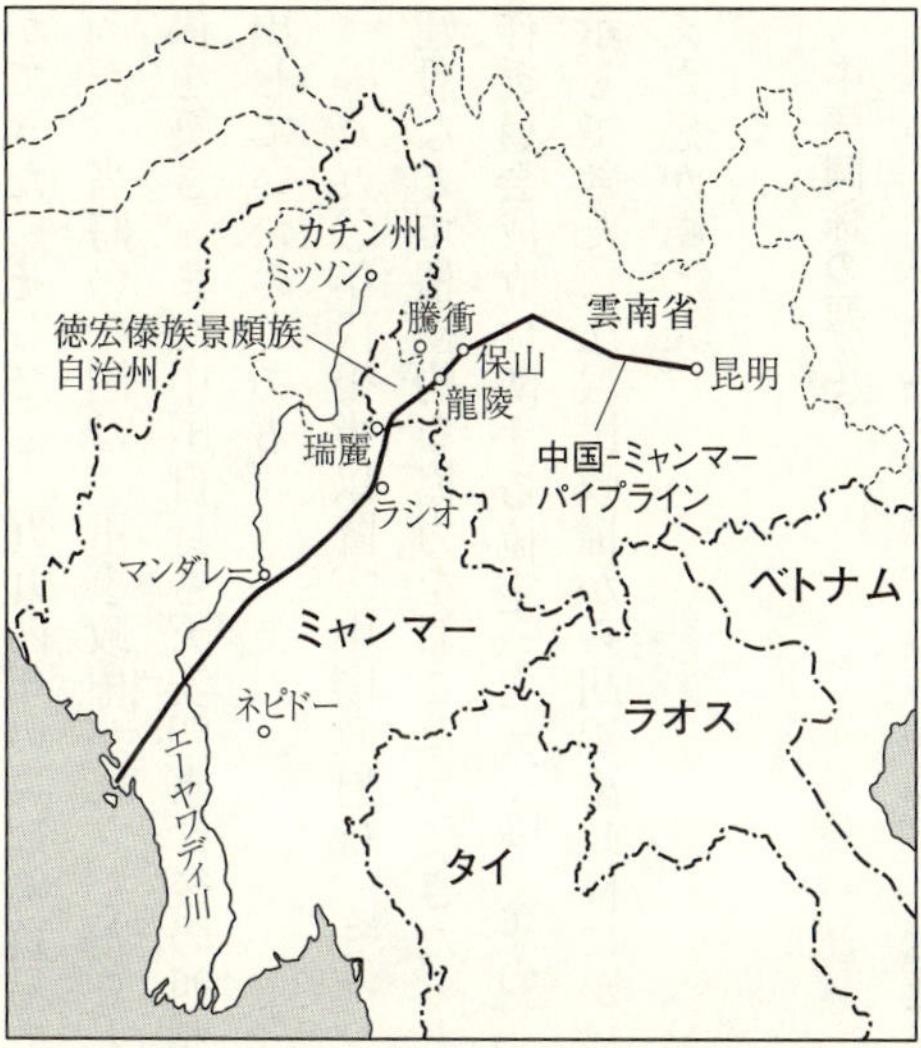

中国・ミャンマーの国境地域

ができた。そして、一九九四年の「辺境貿易に関する諒解備忘録」など、制度化もなされていった。当時の中国は、軍事政権が成立したことで西側諸国から制裁を受けている国と良好な関係を築き、また中国自身も天安門事件後の西側諸国の制裁の中で周辺諸国との外交に活路を見出していたのである。

一九九〇年代後半以降、中国政府は、ミャンマーの資源開発、パイプライン建設、港湾施設建設などで積極的な協力をおこなってきた。九七年の「経済貿易と技術協力についての連合工作委員会成立に関する協定」、二〇〇一年の「投資の促進と保護に関する協定」などがそれを示してきた。江沢民政権から胡錦濤政権にかけて、中国とミャンマーの関係はまさに蜜月を迎えた感があった。

中緬関係の悪化?

しかし、二〇一一年、この中緬関係に転機が訪れたのではないかと思わせるような事態が生じた。軍政から民政への移管をおこなったミャンマーのテイン・セイン大統領が、九月末になって、カチン州で中国と共同で建設している水力発電用のミッソン・ダムの開発中止を発表したのである。

中国にとってこの水力発電所は重要だった。西部大開発を推進する上で、雲南省をはじめ中国西南部の電力不足が深刻であった。中国としてはミャンマーで生産される電気を中国側で利用することを想定していた。建設にあたっていたのは、中国電力投資集団公司（CPIC）とミャンマー第一電力部、ミャンマーアジア世界公司との共同出資で設立された合弁会社であった。投資総額は三〇億米ドルを超えていた。

ミャンマー政府がプロジェクト凍結を決定したことに対し、中国政府は明確な抗議をおこなったわけではない。この時期、ミャンマーはASEAN議長国となることを受け入れ、他方でアメリカをはじめとする先進国への融和政策を打ち出した。ミャンマーの民主化を求めていたASEANにミャンマーが歩み寄ったこと、リバランスを進めようとしていたアメリカのオバマ政権に融和政策をとったことなどは、いずれもミャンマーの対外政策の大転換であり、また従来の対中接近政策の転換ではないかとさえ思われた。だが、日本や欧米で報じられたほど、中緬関係は実際に悪化していたのだろうか。

翡翠貿易と現地の言説

このような中緬関係の悪化という報道を念頭に置いて雲南省を旅したのだが、現地では特にミャンマーとの外交関係が悪化したという話は耳にしなかったし、ダムのことが問題として強く認識されている様子はうかがえなかった。だが、それよりも強調されていたのが、カチン州の治安の悪化によって、翡翠などの国境貿易が滞っているということであった。カチン州産の翡翠は、中国産の翡翠よりも質が良いことで知られており、その交易によって国境地域は潤ってきた面がある。中国では翡翠が投機対象にさえなっていた。ところが、カチン州北部などでの武装闘争が激しくなり、治安が悪化、貿易が滞ってしまったというのである。確かにカチン独立軍（ＫＩＡ）と国軍との間の戦闘がカチン州やシャン州北部で盛んに起きていることは日本のメディアでも報じられていたが、それが中緬国境貿易を阻害するほどになっていたのである。

中国・ミャンマー国境は貿易が滞っているとはいえ，大型トラックが時々往来していた．総じて，国境での交易や中国側の経済開発に熱心なのはラオスで，ミャンマーとベトナムは熱心とはいえない(2012年2月，著者撮影)．

事実上、中央政府からの補助金がなければ財政が成り立たない龍陵と異なって、保山や騰衝など国境貿易ができる地域は一定の経済的な基盤がある。紛争によって貿易が困難になったとはいえ、それでも国境線で一定程度の貿易活動はおこなわれていた。一時間通関の状況を観察していれば、だいたい五台以上の大型トラック(木材など)が国境を越えて、ミャンマーから雲南に入っていることが分かる。国境の横にある免税店でも、ミャンマー産の翡翠が売られている。また、かつての援蔣ルートを通っているときにも数台の大型トラックとすれ違った。また、騰衝にはきらびやかなホテルもあり、翡翠に対する投機などによって、一定程度の経済的な潤いがあるように見えた。だが、それも以前ほどではない、というのが現地で聞いた説明であった。

ダム建設問題

ミャンマー政府は、エーヤワディ(イラワディ)川開発、とりわけダム建設を中国との協力の下で推進し、また翡翠などの鉱物、そして木材の中国への輸出を推進してきた。ミッソン・ダムは、エーヤワディ川開発のシンボル的存在であった。だが、このプロジェクトにはさまざまな反対があった。民主派は「エーヤワディ川を救う」ことを訴えて、ダム建設によって自然景観や、地域住民の生活環境が破壊されることを問題にした。また、このダムの建設のために一万人以上が居住地を奪われること、そして環境アセスメントが十分でないことなども指摘されていた。アウンサンスーチーも、この事業には反対の立場を示していた。これに対し、建設を進めている中国電力投資集団公司は、移住しなければならない人を二〇〇〇人と見積もり、また十分な補償も、環境への配慮もなされていると反論を試みていた。(2) ミャンマー内部でこのプロジェクトへの反発が強まる中、ミャンマー議会で、同公司総経理李光華らが質疑に答えたようであるが、この受け答えはいっそうミャンマー社会での反発を招いたという。

他方、カチン独立軍もまたダム建設には反対の立場をとっている。ミッソン・ダムだけでなく、中国国境近くにあり、同じく中国からの出資によるタピン・ダムなどについても同様であった。ミャンマー政府が中国との協力の下に進めているカチン州やシャン州の水力資源開発が、現地社会との摩擦の要因になっているのである。そしてその摩擦がカチン独立軍とミャンマー国軍との戦闘へと発展し、国境貿易が抑制されていると思われた。

ミッソン・ダム建設をめぐる問題は、おそらく、ネピドー(現ミャンマー首都)と北京との外交問題だけで説明できるものではなく、カチン州における開発などをめぐる、KIAとミャンマー政府との間の関係なども加味しなければ説明され得ないものなのだろう。中国の対外関係で散見されるのは、相手国の中央政府との関係を重視するあまり、その中央政府の開発政策に中国が密着してしまい、地方などに展開する反政府勢力を「敵」にまわしてしまうことである。

このミャンマーの事例もそのひとつであろうか。

パイプライン建設

だが、ミッソン・ダムの問題が発生しても、また辺境貿易が減少しても、中緬関係が直ちに悪化したというわけではないようだ。要人の往来は継続しているし、双方で特に外交関係を悪化させるような発言がなされているわけでもない。二〇一一年九月末にミッソン・ダムの案件が報道され、日本や欧米メディアが中緬関係悪化と大々的に報じた後、一〇月一〇日にはもう大統領特使としてワナ・マウン・ルウィン外相が習近平副主席と会談し、両国の友好関係を確認している[3]。また同年末のGMS（大メコン圏）の首脳会議がネピドーで開催された際にも、中国から戴秉国国務委員が現地を訪れている。

援蔣ルートとして利用された石畳の道．当時建設された石畳の道路は現在も使用されている(2012年2月，著者撮影)．

また、経済などでの協力関係も一定程度維持されているようだ。かつての援蔣ルートが現在の貿易ルートとなっていることは既述の通りだが、それだけでなくインド洋に面したシットウェー港を起点とし、昆明経由で中国南部各地に展開するパイプライン建設の予定ルートともなっているのである。そのパイプライン工事は二〇一〇年にミャンマー側から始められており、著者がこの地域を訪問した二〇一二年二月には、ちょうど工事が瑞麗を越え、雲南側に達しつつあるころであったようだ。雲南側の幹線沿いを走っていると、パイプラインとおぼしき円柱を積んだトラックや、またその円柱を一列に並べた地域を数多く見かけた。その後もパイプラインの建設は続き、習近平政権期には稼働するようになった。

雲南の僑郷

翡翠の貿易は滞りがちであったが、それでもまた治安が回復すれば再開されていく、と思われた。それは、マンダレーなどと雲南との間の商業ネットワークがすでに歴史的に形成されていたからでもある。後述する騰衝郊外の和順郷(和順古鎮)もまた歴史的に翡翠貿易で栄えたところである。

龍陵郊外のある村を訪ねたとき、その村の廟に入ると、廟の建設に際しての捐(寄付金)のリストがあった。それを見ると、寄付者の居住地がミャンマーをはじめ東南アジア各地に及んでいること、また村を離れて外に出ている人々からの金額が多いことなどが、一目瞭然であった。

水煙草をいただきながらうかがった村人の話では、ミャンマー北部を中心に展開しているこの一族は、主に翡翠などの鉱石や中国の雑貨を扱っており、新年のときなどに帰村する親戚が現金を外貨でもってくるという。この村でも、カチン州での「戦争」によって翡翠のやり取りが滞っているという話を耳にした。

この村には小学校がある。中学校は「町」まで行かないとないのだが、この村の出身者には大学まで行った者も少なくないという。東南アジア各地に展開した一族のもたらす富などを基礎にして、優秀な子どもの学費を支弁することもある、とのことであった。

国境地帯の歴史観──「大騰越」？

昆明で訪れた大学のキャンパスでは、「普通話を使いなさい！」という標語がよく目についた。それだけ方言を話す人々がいるということであろう。その昆明から飛行機に乗ってミャンマー国境付近に着くと、「中国」で日ごろ耳にすることとは異なる説明を聞くこともあるし、奇妙なほどに中央政府の宣伝が行き届いていると感じられる面もあった。このときの調査で興味深かったのは「歴史」をめぐる言説や表象であった。

保山から龍陵に向かう途中、サルウィン川（怒江）の上流を通過した。この川には有名な恵通

恵通橋は，日中戦争中に戦略的要地であった．現在は使われていない(2012 年 2 月，著者撮影)．

橋が架けられている。この橋は一九四二年に日本軍がビルマから雲南に進軍した際に、中国軍が防衛のために破壊した橋であった。これにより、中国軍は日本軍の進行を怒江で食い止めることができたのである。こののち一九四四年になって、中国遠征軍が雲南に食い込んでいた日本軍を殲滅させたのだった。現在使用されているのは、当時の橋ではない。当時の橋は、少し上流に残されている。面白いのは、その遺物として残されている橋に共産党のシンボルである「紅星」が付されていることだ。国民党の抗戦が、共産党の、中華人民共和国の抗戦の物語の中に位置付けられているのである。

この地域の戦争遺跡は、中国共産党にとっても重要なものである。なぜなら、中国本土の戦闘では決して多くない、「日本軍玉砕」がなされた場だからである。一九四四年にアメリカ式の火炎放射器などの装備をもった中国軍によって、日本軍の守備隊一〇〇〇名が玉砕した松山戦役跡(拉孟守備隊跡地)でも、塹壕などを保存し、観光資源とすることが試みられている。

興味深いのは、この地域でのさまざまな戦争をめぐる展示である。銀行員が個人で収集したコレクションを中心とする滇緬抗戦博物館（和順古鎮）にせよ、そのほかの博物館や慰安所跡を保存したところにせよ、明らかに組織的に頒布がおこなわれていると思われる、同じ写真やキャプションが展示されているのである。

だが、この地域独特の遺物や展示も見られた。たとえば、戦後に華僑の支援で建設された騰衝の国殤墓園の敷地内にある「倭塚」がその代表だろう。これは、戦死した日本兵を祀ったものである。このような塚は他所にあまり例を見ない。まさに中国の実質的な戦勝地ならではの遺物であろう。

倭塚．小さな塚であるが，中国において日本軍の犠牲者を祀る塚はほとんど見たことがない．日本軍が玉砕し，中国軍が完勝した地ならではであろう（2012年2月，著者撮影）．

最後に、この地域にきて初めて耳にした言葉を紹介したい。騰衝での夕食のとき、現地の方が口にした「大騰越（騰越は騰衝の旧称）」という語である。それは、一九六〇年に画定した中緬国境よりも、清代以前の国境が本当の国境であり、現在はミャンマー領になっている翡翠の産地なども、騰越という地域に属しており、中国領だ、という地域観を示していた。清末にイギリスと交渉して国境線を画定した薛福成までもが批判的に捉えられ、「本来の騰越」の大きさが強調されていた。このような現場での境界認識は、外交上決められている国境と、当然ながら同じではない。こうした辺縁地域の意識や認識も、中国のフロンティアのもつひとつの特徴であろう。

第八章　東チモールから見る中国——マカオ・フォーラムと葡語スクール

中国の東チモール進出?

中国は世界のどこにでも進出する、とよくいわれる。この東チモールもまた中国の進出にさらされている、という話が二〇一一年のころにあった。

東チモールはこれからASEANに加盟しようという、小スンダ列島上に位置する島国である。インドネシア領の島々に囲まれ、南にオーストラリアがある。一六世紀以来ポルトガル領であったが、一九七〇年代にインドネシア軍が侵攻して占領、ひとつの州として統治した。だが、一九九八年にインドネシアでスハルト大統領が失脚すると、東チモールに独立への道が開かれ、国連の暫定統治を経て二〇〇二年に独立した。一方、国連の平和維持活動は続けられた。

中国との関係でいえば、一九七五年まで中華民国が領事館を置いており、二〇〇二年の独立にあわせて中華人民共和国が国交を結んだ。

この東チモールでは、アメリカはもちろんのこと、やはり宗主国であったポルトガル、そして長く占領したインドネシア、そして地域大国たるオーストラリアの影響力が強い。だが、二〇〇八年から〇九年にかけて、中国の進出を示唆するようなメディア報道が相次いだ。それらを概括すれば、およそ次の三点を指摘していた。第一に中国が東チモール周辺の海底資源に強い関心をもっているという内容、第二に中国海軍が小艦艇を東チモールに売却予定という内容、第三に中国が大統領府や外務省などの官庁街を建設しているといった内容であった。これらは英字紙を通じて日本でも報じられた。これらの報道に接したこともあり、東チモールに向かうことにした。

中国製の官庁街

東チモールはシンガポールから六時間もかかる。著者が松田康博教授とともに東チモールの首都ディリに入ったのは、二〇一〇年三月、国連東チモール統合ミッション(UNMIT)の川上隆久事務総長副特別代表が亡くなられた直後であった。その後、大統領府、外務省、政府および議会関係者、中国大使館、アメリカ大使館、資源開発コンサルタント、中国系企業の建設現場などを訪れた。だが、著者たちのディリ滞在を大いに豊かなものにしてくれたのは、現地でスーパーマーケットなどを営む有力華人であった。この人物は中華総商会の有力幹部でもあり、東チモールにおける華人の歴史のまさに生き字引的存在であった。彼の口から語られること、また彼に紹介されて行くところで、政府間関係だけではわからない中国－東チモール関係の一端に触れることができた。

この東チモール調査でまず視覚的に飛び込んできたのは、まさしく報道の通り、中国の援助で建てられた大統領府や外務省であった。中国は二〇一一年に『援助白書』を発表したが、その援助を担当する商務部の対外援助司は、国際的な援助標準にかなうような案件を援助するとして、ネット上で情報公開している。援助、投資、貿易などが一体化している中国の対外援助においては、まさに援助の世界における国際標準にかなう部分を援助だとし、そのほかの部分は投資や経済活動だと説明するようになってきている。

この東チモールの大統領府や外務省の建設案件は公開されており、「援助」に属している。まず外務省庁舎の建設は二〇〇五年に案件申請がなされ、山東対外経済技術合作集団有限公司が受注した。二〇〇六年から建設がおこなわれ、政治的に不安定な時期にあっても工事は継続した(1)。大統領府庁舎は外務省よりもやや遅れて入札があり、これも複数のディベロッパーの中から同じく山東対外経済技術合作集団有限公司が受注に成功した。施工は二〇〇七年七月に始められている(2)。同じ建設業者のためであろうが、似通った、中国でいえば郷鎮政府的な二棟の

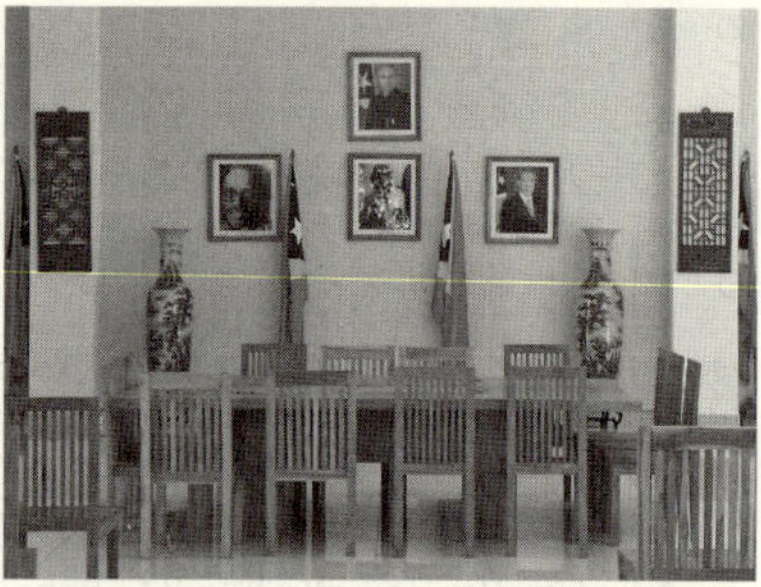

中国の建設した大統領府の１階中央にある「中国の間」．中国風の壺などが目につく(2010 年 3 月，著者撮影)．

建物がディリの官庁街に出現したのであった。

大統領府に足を踏み入れ、民族衣装をまとった門衛の守る庁舎に入ると、中はいかにも中国製の建物という雰囲気が漂っていた。一階中央に中国製の陶器が置かれた「中国の間」がある。ここで大統領が各国の大使の信任状を受け取るのだというから、「中国の間」の象徴的な意味は大きい。また「消火栓」などといった漢字が建物のいたるところに露出している。他方、外務省の庭は中国式であった。大統領は中国政府に特別な配慮をし、旧暦の正月にあわせて大統領府でパーティを開くほどだとのことだった。今後、国軍兵士の宿舎や軍司令部なども中国側が建設することになっているとの話もあった。

だが、これらの建物は「国の首都にある官衙」にしてはだいぶ簡素だ。中国の郷鎮政府、あるいは小中学校をモデルにしたもののようである。ただ、官庁街を中国人が闊歩しているというわけでもなく、首都では依然としてインドネシア、オーストラリア、そして旧宗主国ポルトガルの影響力が強いようだ。この点、中国製の官庁街の出現を過大評価も過小評価もしてはならないだろう。中国はアフリカでも各地で主要官庁の庁舎を建てている。なかには本書ですでに紹介したアディスアベバのアフリカ連合（AU）の高層ビルのようなものもあるが、通常の途上国の官舎についてはこのような簡素なものもあるのだろう。

資源開発と対外進出

東チモールの南にあるチモール海には海底ガス田があることが知られている。オーストラリアと東チモールの間で排他的経済水域（EEZ）をめぐる問題があったが、それもほぼ解決され、一部で採掘が始められている。その海底資源に中国が関心を示しており、中国の東チモール進出はまさにこの資源目当てだという報道もあった。だが、現地のコンサルタント会社などでインタビューすると、中国は当初の海洋調査には協力したものの、以後は韓国などが採掘に強い関心を示したのに対して、中国は動いていないという。理由を尋ねると、チモール海のガス田と東チモールの間に深い部分があり、そこを通るパイプラインを設置することに大きなコスト

外務省もまた中国が建設している．「消火栓」など，建物の随所に中国語が見られる（2010 年 3 月，著者撮影）．

がかかることが原因ではないかとの話であった。実際、二〇〇八年には韓国と東チモールとの間で契約が結ばれており、著者たちが東チモールを訪問したときには、そのプロジェクトが動き出していたようであった(3)。

中国の対外進出について、しばしば資源目的だとされることがある。だが、以下の二点に留意が必要だ。第一に、中国は採算についても敏感だということ。第二に、その採算は経済的な観点だけでおこなわれるのではないということ、である。東シナ海のガス田がそうであるように、その資源開発が主権保持の表現になるのなら、たとえ経済面での採算がとれなくても政治・外交を加味した総合面で、中国としての「採算」にはかなうと考えるであろう。つまり、政治、安全保障なども採算に際して考慮に含まれるということだ。南シナ海にもそうした面がある。だが、この東チモール近海については、安全保障面を加えても、採算がとれるとは判断できなかったのだと思われる。

軍事的な考慮？

また、二〇〇九年には、中国海軍が小艦艇二隻を東チモールに売却するという話がオーストラリアのメディアなどで報じられていた。地域大国であるオーストラリアは、東チモールとの間で沿岸防衛協力の面での調整を続けていたが、東チモールが中国の艦艇を購入するということは、そのオーストラリアとの協力が暗礁に乗り上げたということも意味していた。実際、東チモールは、二〇〇八年にはすでに中国からの小艦艇二隻の購入交渉を始めていたとされている。だが、ディリの中国大使館員の話によれば、この話はもともと大使館側の関知していなかったもので、中国人民解放軍系の〝企業〟と東チモール政府の間で話が進められ、それが報道されてから、中国大使館があわてて状況を調べて関与するようにしたということであった。また、この艦艇の購入は、東チモール海域の密漁取り締まりなどを目的としたものであるにすぎず、その艦艇の操船のための乗組員の訓練を大連でおこなっていると、その大使館員は説明していた。実際、東チモールの軍人などで中国へ留学する人は次第に多くなっていたようである。

だが、この中国の〝企業〟から購入したという二隻の艦艇が停泊する〝波止場〟さえもまだディリでは建設されておらず、課題となっているとの話もあった。ただ、ディリの港湾問題はこうした艦艇に限定されたわけではなく、貿易港についてもいえることであった。

二〇一〇年三月の東チモール訪問時に現地で見聞した中国の艦艇売却の件は、人民解放軍系の企業と東チモールとの話であり、小型の巡視艇程度なので、これをもって「中国の脅威」であるとか、軍事進出などとは言い難いという印象であった。

しかし、二〇一二年になって、東チモールに中国の上海II級警備艇二隻がくるという話がディリでも広がり、議会でも購入決定に至る過程が問題になったりした。この艦艇が果たして軍事バランスを崩すほどであったかどうかは議論が必要である。二〇〇九年に北朝鮮艦艇が黄海で韓国の艦艇と衝突したが、このときの北の艦艇は、型は異なるが上海級の警備艇であった。それだけに、この上海II級が東チモールに配備されることによってオーストラリアの警戒心も高まったかもしれない。だが、だからといって、二隻の警備艇だけで東チモール周辺海域の軍事バランスが崩れるというわけではないだろう。アメリカも東チモールへの軍事的な関与を怠ってはいないし、日本もまた東チモールから四名の留学生を防衛大学校で受け入れるなど、一定の関与を始めていた(4)。

マカオ・フォーラム

ディリの中国大使館の方々にインタビューしながら警備艇のことや海底油田のことなどをうかがい、夜の食事をともにしていて興味深かったのは、中国大使館のスタッフの大半がポルトガル語およびスペイン語スクールで占められているということである。逆に英語は得意ではないようであったが、ディリの最高級ホテルであるリスボンホテルのレストランで、彼らは流暢な(と思われる)ポルトガル語で注文をこなしていた。中国では、一九九九年のマカオ返還にあわせて、ポルトガル語の人材を一部の高校・大学にて特別に、集中的に養成していたという。そのときに養成された人材は、外交部や商務部に配属された後、ポルトガル本国はもとより、マカオ、ブラジル、東チモール、アンゴラ、モザンビーク、カーボベルデ、ギニアビサウなどといった旧ポルトガル領などの在外公館を巡礼しながらキャリアを積んでいる。

中国とポルトガル語圏の国々との関係を考えるとき、マカオという場の存在は看過できない。マカオは中国外交にサブシステムを提供している。たとえば、中国から東チモールへの援助について見る場合、たんに北京の商務部や外交部、財政部の動きを見るだけでは不十分である。たとえば、東チモールの小学校への支援などは、〝マカオ・フォーラム〟がおこなっていると現地で耳にした。中国の外交官が〝マカオ・フォーラム〟と呼んだこの組織の正式名称は「中国ー葡語国家経貿合作論壇(澳門)」であった。構成国は中国、ポルトガル、ブラジル、東チモール、アンゴラ、モザンビーク、カーボベルデ、ギニアビサウとなっている。この組織は中国主導で形成され、第一回の閣僚会議が二〇〇三年一〇月に開かれ、主に経済貿易協力を目指す「経貿合作行動綱領」(一〇月一三日)という基本文書を採択した。[5]中国の主管官庁は商務部であった。

中国は一九九九年のマカオ返還以後、マカオの有していたポルトガル語圏とのネットワークを内に組み入れ、それを利用して世界に分布するポルトガル語圏の国々との関係を強化しようとしたのである。そのひとつが東チモールであった。この行動綱領は、あくまでも「協力」を謳っており、「援助」を直接述べてはいないが、協力を契機にさまざまな投資や援助がおこなわれるようになっている。その一部が小学校への支援などとして東チモールにも反映されていたということになる。

現地社会の中の中国人

前述のように、東チモールでは、依然としてオーストラリアとインドネシア、そして宗主国であったポルトガルの影響力が強い。だが、ディリの官庁街、警備艇などをめぐる中国の関与、そしてマカオ・フォーラムという枠組みなどに見られるように、中国が新たな存在として東チモールに登場しつつあることは否めない。ただ、ディリを歩いていて、中国人たちがディリの街を闊歩しているという様子には必ずしも出会わなかった。中国のプロジェクト実施現場では、中国からの労働者たちが工事現場内のプレハブに住み、そこで中国料理を食べて暮らしているから、彼らが街に出てくることも多くない。

だが、東チモールには一九世紀以来の中国人コミュニティがあり、現在も健在だ。その老華僑を中心にした「中国人」の多くは、土着化しつつある。また、老華僑たちは、現在の中国の東チモールへの関与を橋渡しするとか、あるいは東チモールでの公共事業誘致のために、自らの出身地たる中国の国有企業に働きかけたりして、利益誘導をする、というわけではないようだ。

東チモールの華僑たちは、一九七五年のインドネシアの侵攻により、多くがオーストラリアなどに逃亡し、残った人々も反共政権の下で必ずしもいい思いをしたわけではないという。台湾の駐ディリ領事館も撤退して彼らを守ったわけではなかった。一九七五年以後、老華僑たちはさまざまな公共財産を失った。華僑学校もそのひとつであり、それはいま一般の学校となっている。奪われた財産の奪還に向けて、老華僑たちは東チモール政府に働きかけているのだが、だからといって中国大使館が熱心に彼らを助けるわけではない。また、華僑たちが孔子学院の誘致を促しても、大使館側は熱心ではないという。

土着化した老華僑たちは華人墓地とこの関帝廟を大切に守っている(2010年3月，著者撮影)．

昨今、こうした老華僑とは別に、新たに東チモールにやってくる中国人がいる。援助プロジェクトの労働者以外にも、小売商やサービス業の出稼ぎ労働者がいる。東チモールの議会関係者から、その新華僑について大きな疑問を投げかけられた。「ディリの町中から近郊農村に中国人の雑貨店が広がっている。だが、彼らの売る雑貨は同じものばかりで、ひとつの雑貨店に何人も住み、朝になると同じものをもってそれぞれ行商に行き、夜になると小さな店で雑魚寝する。あれでもうけが出るのだろうか」。この話を老華僑にしてみた。すると、「海外に出て働く中国人の〝吃苦(つらい思いをすること)〟への忍耐度の高さは外国人にはわからないだろう。ごくわずかの利益を得るためにどんな苦しい生活でもするのだ」。著者が話を聞いていた老華僑は、新華僑と老華僑の相違点も指摘していた。特に東チモール社会から向けられる目線について、「新華僑は現地社会を理解していないので問題を起こす。我々は現地社会ともうまくやっているから、新華僑と現地社会の間にたって調整していく」と、その老華僑は説明していた。

世界の「隙間」に広がる中国

中国の世界進出がこのころにはよく話題になっていた。習近平政権期とは異なり、この胡錦濤政権後半期には、まだ中国は世界の「隙間(ニッチ)」に浸透する存在だったといえる。このころの中国は、世界各地で欧米や日本などの利権が十分に確立できていないところ、あるいはイデオロギー的な問題で先進諸国が近づこうとしないところなどに進出しようとしていた。いわば、遅れてきた大国としての中国が、その強い圧力とともに世界の「隙間」に浸透していったということだろう。だが、それは無為無策になされているわけでもなく、またすべてが国益のために策略化されたものだというのでもない。世界に広がる中国人の波も、個人的な動きと、政府などの動きが組み合わさりながら展開している。そして、マカオ・フォーラムのように、中国が作ってきたさまざまな「仕掛け」が次第に開花している、ということであろう。習近平政権期になると、確かにニッチねらいという点もあるが、以前よりは正攻法で正面から外に出ようとしている。

二〇一一年五月、ウィキリークスを根拠とした中国・東チモール関係に関するニュースが世界をめぐった(6)。それは、二〇〇七年に中国が東チモール政府に対して、周辺海域の不審漁船取り締まりのためと称して、レーダーなどを備えた情報拠点建設を申し出たものの、その運営を中国側だけでおこなうとしたため、それを不審に思った東チモール政府首脳が、米豪とも相談の上、その申し出を拒否した、というものであった。真偽のほどは確かめられていない。

重要なことは、東チモールもまた、一面で大統領府や外務省を中国に建設してもらいながら、中国からの申し出に関して、断るべきは〝主体的に〟断っているのではないか、ということだ。他方、東チモールはまだ〝援助慣れ〟しているわけではないようであり、影響力のある国々を天秤にかけてみたり、あるいは援助のあり方について問題にして、自国に有利な条件を引き出すための駆け引きなどはあまりしていないようであった。援助プロジェクトでも中国人労働者が働いていた。しかし、そうであるにしても、東チモールもまた、相手を見ながら〝外交〟をおこなっている主体であることに変わりはない。中国の世界進出については、東チモールであれアフリカであれ、その相手が中国をどのように見ているのか、どのような中国を受け入れ、どのようなときに拒否しているのか、ということに注意を払うことが重要だろう。

第Ⅳ部

中華圏の内なるフロンティア

――金門島から見る――

第Ⅳ部では、中華圏の内なるフロンティアの形成とその変容を、歴史過程をトレースしながら述べることにしたい。ここで取り上げるのは、福建省廈門《アモイ》の対岸に位置する金門島である。この島は馬祖《ばそ》島とともに、長らく中華民国と中華人民共和国との間の対立の前線だった。戦後東アジアの冷戦の対立の象徴だった、と言っても過言ではないだろう。だが、一九九〇年代初頭に中華民国が大陸反攻政策を放棄すると、金門島は軍事対立の最前線ではなくなる。それどころか、台湾で政治・社会の台湾化が進行し、中華民国が次第に「台澎金馬」をそのアイデンティティの拠りどころにするようになると（中華民国在台湾）、金門や馬祖は台湾から周縁化されることになる。

なお、「台澎金馬」の台は台湾、澎は澎湖、「金馬」は、金＝金門、馬＝馬祖を意味する。台湾という場合、台湾島を指す場合、台湾と澎湖をあわせた空間を指す場合、そして中華民国の統治領域、すなわち「台澎金馬」を指す場合がある。ここからもわかるように、金門と馬祖は「台湾」の周縁に位置付けられていて、中華民国福建省に属していることになっている。だが、金門と馬祖には大きな違いがある。まず、言語も異なる。前者が閩南《びんなん》語、後者が閩東語である。金門県は丸ごと中華民国の統治下にあるのに対し、馬祖島の属する連江県は中華人民共和国と中華民国に二分された。ともに軍事最前線ではあったが、金門

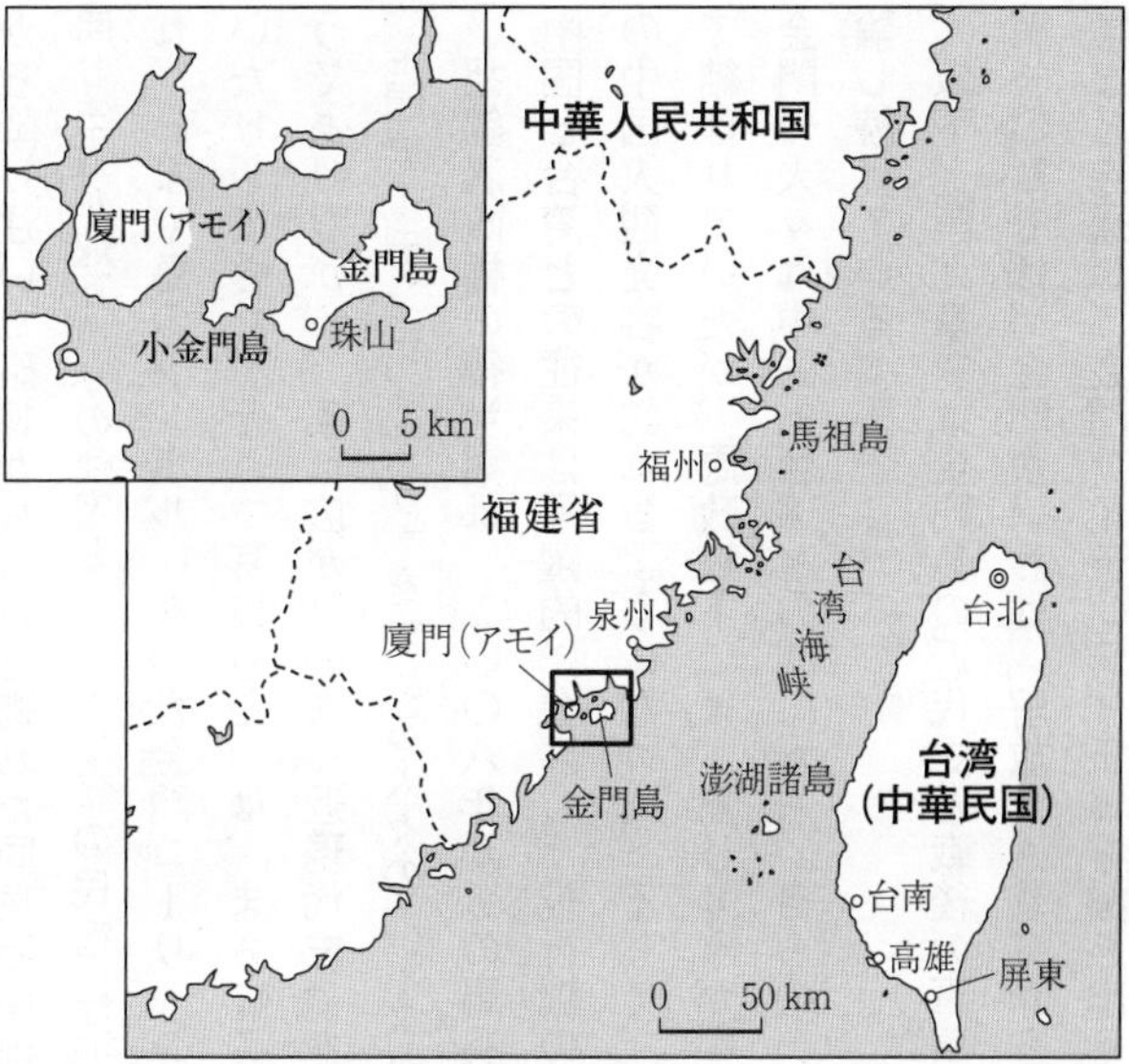

金門島とその周辺

が戦場となったのに対して、馬祖は必ずしもそうではない。

金門島は中国福建省の沿岸に位置し、福建から外洋世界への出口だった。一九四九年以後には中華人民共和国と中華民国の軍事境界線になったものの、九〇年代初頭以来軍事的な色彩は薄れていき、今世紀初めには台湾と中国との交流の窓口に変わっていった。

一九九〇年代後半以来、著者は、金門を頻繁に訪れるようになった。国立金門大学（前身：国立金門技術学院）の研究者と共同研究をおこないながら、かつて廈門大学付近から降り注いだ砲弾からも難を逃れた同島西南部の三合院(台湾の伝統的な建築様式。中庭を囲む三方が煉瓦造りの住宅となっている)の民宿に泊まり、現地の軍人の発案で生産が始められ、いまや島のシンボルになった金門コーリャン酒を片手に、村の老人たちから昔話を聞いたりしてきた。そこで耳にしたのは、まさにこの小さな島に織り込まれた、ミクロのようでありながら、実に広がりのある近現代史であった。そして、そうした語りの中には、「金門アイデンティティ」を求める人々のパトスが見られたのであった。

胡錦濤政権の後半期は、二〇〇八年からの馬英九政権の第一期とも重なる。この時期、中国と台湾との往来は飛躍的に進展し、飛行機の直行便が数多く飛び交い、台湾には多くの中国人観光客が訪れるようになった。そして、陳水扁政権期から金門島と中国大陸は船で結ばれていたが、馬政権下には、島じゅうが中国人観光客でごったがえすようになった。金門の人々は中国と台湾との間にたち、自らのアイデンティティと将来について考え、議論し続けている。

以下、第九章では金門島の近代史と戦後の軍事最前線となっていく過程を描いている。第一〇章では、金門がいわば「解放」されてから、新たな島のあり方を模索し、また金門学などを通じて金門アイデンティティを描き出そうとする様を見てみたい。

第九章　金門島の経験した近代

金門島の風景

金門県は、金門島と、その西に位置する小金門島、および周辺の島嶼で構成されている。中華民国側では福建省に属している。その位置はまさに中華人民共和国が統治する廈門の向かいにある。廈門からの距離は二キロ前後で、廈門からも小金門島が見えるくらいだ。台北から飛行機で小一時間、現在は廈門から船でアプローチすることもできる。

金門島の面積は約一五〇平方キロ、人口は一〇万に満たない。地形は東部を除いて平坦で、年間降水量も一〇〇〇ミリ前後で水資源には恵まれず、水稲には必ずしも向かない。島の各地に植えられている農作物で目を引くのはコーリャンである。だが、これは映画『紅高粱』（邦題『紅いコーリャン』張芸謀監督、一九八七年）で出てきたものよりもはるかに背が低い。そして、このコーリャンこそが、金門島の主要産業である酒造業（金門コーリャン酒）を支えている。金門コーリャン酒は、中国の白酒であり、この地に滞在していた中華民国国軍の将軍が発案して作らせたものだという。

この島の産業といえば、この酒以外に肉牛もあるが、やはり映画『呉さんの包丁』(林雅行監督、二〇一三年)にもあったように、包丁が有名だ。一九五八年に中国から降り注いだ無数の砲弾を鋳つぶして原材料にしたという包丁業が、島の主要産業のひとつになっているのだ。大躍進の時代の「砲弾」に使われた鉄の強度はそれほど高いのかと聞くと、砲弾にはソ連製の鉄が使われたから強度が高いなどという話を現地で耳にしたが、確かかどうかわからない。

また、昨今は観光業がこの金門島の主要産業として躍進している。かつての軍事基地や砲弾が降り注いだ跡などはまさに軍事遺跡となった。中国人民解放軍の砲撃にさらされて、この島の美しい建築物は大きく破壊されたが、それでも残された三合院や近代以来の洋館(洋楼)もまた観光資源となった。洋館はまさに金門島出身の華僑たちの送金によって建てられた、この島の豊かさの象徴だった。二〇〇七年に、広東省の開平の、海外の華僑からの送金で建てられた建物(碉楼)群が世界遺産となったが、金門にもそれに類似する風景が広がっている。そして、この島は冷戦期に軍事要塞化されたものの、それによって逆に島の自然が部分的に守られた面もあった。そうした資源を守り、適切に活用すべく、一九九五年に金門国家公園が設けられた。

では金門島の近現代史はどのようなもので、昨今いかなる課題をこの島が抱えるようになったのか。金門島のミクロでありながら広がりをもつ近現代史をひもといてみたい。

僑郷としての金門

僑郷《きょうきょう》というのは、簡単にいえば、海外移民となった華僑の輩出地である。金門島は、明清の時代、科挙官僚を輩出するような文教の地でもあったが、他方で福建南部（閩南）の外洋への窓口であり、かつ華僑輩出地であった。現在、海外に展開している「金門人」は、島内人口の一〇倍以上といわれる。金門をルーツとする人々は台湾、東南アジア、日本（長崎華僑、神戸華僑）などに広く分布している。金門では、擬似親族的な紐帯に基づく同姓村（人々がほとんどすべて同じ姓をもつ村のこと）が生まれ、それぞれの郷村は特定の移民先をもち、海外の金門社会との緊密な関係をもった。

華僑送金によって多くの洋館が建てられた．コロニアル・モダン様式をとり，また日本のタイルなどを使用している．豊かさの象徴であった（2011年4月，著者撮影）．

この僑郷という要素は近代においても金門社会の基層をなしていた。金門島では、一定の年齢に達した男性の多くが金門島に家族を残しながらも海外に移民し、移民先でも家族を作りながら、金門島の家族に送金をするという生活が見られた。この華僑送金は「僑《きょう》滙《わい》」などと呼ばれ、移民先から廈門を経由して金門に届くことが多かった。海外に展開する一族とそこからもたらされる僑滙が、「金門の近代」を形作ることになった。

その僑郷としての近代の姿を描き出す史料には、さまざまな近代遺跡や言い伝え、オーラル・ヒストリーもあるが、僑報という文字史料も重要だ。僑報は、一般に母村で刊行されて移民先に配布され、親族間の手紙や電報などとともに、金門島と海外の金門社会の間を架橋した「新聞」である。そこには、島の様子や彼らの寄付の金額など多岐にわたる情報が掲載されていた。しかし、金門に数多く保存されていた僑報も、中国からの激しい砲撃によって焼失したり、一九五〇年代の国民党による白色テロを恐れた人々によって焼却された。僑報には、政治的なアピールなどもあり、それらの中には左傾化した言論がないわけではなかった。それが白色テロによって摘発される可能性があったのである。しかし、金門島の西南部にある、薛一族の単姓村である珠山には、『顕影』という僑報が残され、発行数限定で復刻されている。この史料も、白色テロによる摘発を恐れた村民により街の薬局の倉庫に隠され、残ったものである。

華僑送金で育まれた「近代」

金門島には三合院住宅も多いのだが、他方で前述のようにさまざまな一見西洋風の意匠が施された洋風建築もある。その洋風建築には、銃を撃つための穴が壁にあけられたりしている。また、遠くを見渡せる眺望台もある。このような一連の建物は、海外からの華僑送金で作られたものであるが、そこには外敵から自衛するためのさまざまな装置が施されていた。こうした洋風建築は、移民先の東南アジアの、いわゆるコロニアル・モダンの影響を強く受けたものであった。また、これらは華僑送金で潤った、彼らの富の象徴でもあった。華僑からの送金は、建築物だけに反映されたわけではない。道路や一族の廟などといったインフラへの投資もあった。こうしたものは、行政よりもむしろ、華僑送金によってまかなわれていた面がある。他方、特に重視されていたのは、小学校の校舎や学校教育に関連する経費であった。僑報には、まさに華僑送金で経営されている小学校の様子や経営状況などが丁寧に記されている。これは母村に残した自らの子弟の様子を知るということだけでなく、後代の移民者の育成や村の将来のために貢献するこ

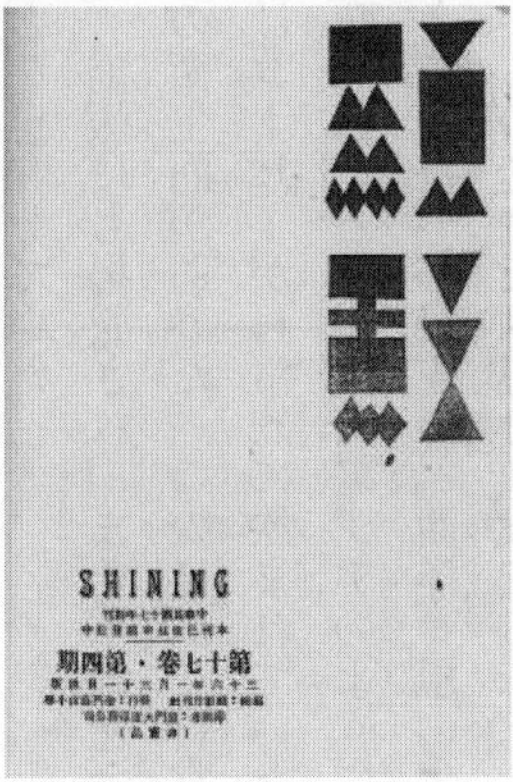

数多くあった金門の僑報であるが，現在まとまって残っているのは珠山の『顕影』だけとなっている．僑郷としての金門を知る上で貴重な史料である．

とを意味していた。

僑報にも掲載され、また華僑送金の使途にも見られた重要なことのひとつに、予防接種などの衛生面があった。このほか、日常生活にも移民先からの影響があった。たとえば、飲食面ではコーヒーが日常的に飲まれていたし、女性の髪形にもパーマが流行していたようである。興味深いことに、東南アジアのように唐辛子を用いた料理や、カレーライスが村の生活に入ってきていた。移民先の「西洋」風の生活様式が流入していたのだろう。広東社会のように、華僑からの送金で鉄道を敷設するほどではなかったが、華僑送金が金門島の「僑郷としての近代」を支えたのであった。

中国の近代全体から見た場合、租界のような場で育まれた近代もあったであろうし、また中国政府や地方政府が推進した近代国家・地方建設もあったであろう。だが、華僑送金と移民先での経験が色濃く反映された「僑郷としての近代」が、一九世紀後半から二〇世紀前半に、中国東南の沿岸部に展開したことは注目に値する。

日中戦争と金門島

日中戦争開始後、日本海軍が金門島を占領した。日本軍としては当初、金門を戦略拠点とする意図があったようであるが、戦局が推移する中で、金門への日本軍の期待値は比較的下がった。行政的には汪精衛政権の統治下に置かれたが、軍事施設がまったく建設されなかったわけではなく、住民の強制労働に基づく飛行場建設もなされたし、また日本軍によるアヘンの強制栽培もなされていた。また、コバルトなどの資源採掘が期待されたこともあり、台湾拓殖株式会社系の福大公司などによる開発も、一定程度なされていたようである。

一九三七年から四五年までの八年にわたる日本統治、あるいは汪政権統治は、戦後、国民党の軍事最前線となってからの金門島の公式の歴史では暗黒の時代として描かれる。抗日戦争史の一部とされているのだ。確かに、強制労働のほかにも、日本統治時代には僑報などの郷村の新聞の発行は止まっているし、それまでの華僑を輩出してきた僑村の諸活動に相当な制限が加えられるようになった。だが、必ずしも金門島と島外との人の移動のすべてが日本軍によって杜絶させられていたわけではなかった。日本統治期には、日本による統治を逃れるべく、金門から多くの人々が東南アジアなどに移り、逆に帰島する人々が減少するという事態になったようである。

日本が敗戦し、中国軍区で降伏したのは一九四五年九月九日だが、これを受けるかたちで、金門県では一〇月初旬に「光復」となり、中華民国政府の統治が回復された。すると、ふたたび華僑送金が増加するようになり、島の「復興」が期されたのだった。しかし、状況は戦前と必ずしも同じではなかった。

国共内戦期の金門島

中華民国による統治が金門島で回復し、また東南アジアなどの移民先でもかつての秩序が一定程度取り戻されると、金門島と移民先との往来が回復した。村々の僑報は再刊され、華僑送金である僑滙も再開された。日本統治下の強制労働などを避けて海外に移住していた金門出身者からの金門島への送金は激増し、島の再建が進められた。海外の金門出身者の組織(金門会館など)は、金門島の再建について、中華民国の出先である金門県政府とも協議し、しばしば財政面での支援をおこなうなどしていた。

このように華僑送金に頼った「僑郷としての近代」を戦後ふたたび回復した金門島であったものの、そこには新たな問題が現れていた。国共内戦の影響、あるいは中華民国の弛緩した統治のあり方が、この島にも及びつつあったのである。これはおそらく、中国の東南沿岸部に共通した時代状況であったと思われる。

第一の問題は治安であった。金門島に公的な治安維持装置がなかったわけではないものの、昼間は貿易商や船乗りとして上陸した人々が、夜中に暴徒となり、強盗をはたらくという事態に、当局が即座に対処することは困難であった。金門の各郷村はそれぞれ自衛措置を講じることになった。先に紹介したように、現在残されている金門の洋楼にも自衛のための見張り台や、銃を撃つための穴が見られる。これらは、一九世紀から二〇世紀前半の中国で、社会の末端にまで武器がいきわたり、それぞれの社会単位が自衛しなければならない状況に至ったこと（軍事化）とも関係があるが、国共内戦期には治安問題がいっそう深刻になったことを反映したものでもある。戦後には、金門島の再建のために多くの資金が島に流れ込んでいたために、治安問題がいっそう重要になったものと考えられる。

第二の問題は衛生、とりわけペストの問題であった。従来、金門島では華僑送金に頼った衛生建設がなされており、戦後もそれが再開されていたが、それでもペストの流行を抑えることはできなかった。そのため金門島は疫区指定を受け、金門からの貨物は特別な検疫を受けることになったのである。実際、この衛生問題が「解決」するのは、一九四九年以後、中華民国国軍がこの金門島を防衛の最前線として位置付け、軍隊が駐留し、軍による衛生対策が徹底してからであった。これは、第一の治安問題も同様である。

第三の問題は、中華民国の統治が再開されたことによる問題であり、島民にとってはこれが最も大きな問題であった。それは、徴兵である。国共内戦が激化する中、中華民国政府はその統治地域での徴兵制度を強化した。無論、国民皆兵というわけではなく抽選制ではあったが、それでも郷村ごとに割り振られた人数に男性たちは戦々恐々とし、抽選前に島外に逃亡したり、あるいはその人数割り当ての基数となる登録人口数を問題にしたりした。この徴兵問題によって、海外に移住していた金門島出身者は帰島を控えるようになり、また島内の男性もこぞって島外に移ろうとしたため、ただでさえ女性人口の多かったこの島で、人口バランスがいっそう崩れることにもなったのである。無論、海外から「華僑」として一時帰国する場合には、徴兵対象にはならなかった。そのため、人的往来や送金などの面で、海外の金門コミュニティと金門島の往来が絶たれることはなかったが、島内の成人男性(壮丁)人口は急速に減少したのであった。

金門の前線化

国共内戦は、最終的に共産党が勝利することになった。だが、一九四九年一〇月一日に中華人民共和国の成立が宣言された段階では、上海以南の沿岸地域や、四川や雲南などの西南地域に国民党が依然として多くの拠点を有していた。したがって、中華人民共和国の成立や、蔣介石らの台湾への移動(一九四九年一二月)によって、直ちに金門島が国共対立の象徴的な軍事最前線になったというわけではない。

一九四九年一〇月二五日、中国人民解放軍が金門島に上陸して攻撃を加えた。だが、中華民国国軍がこれを撃退した(古寧頭戦役)。このとき、根本博ら日本の軍事顧問団が中華民国国軍側にいたともされる。これによって、金門島はただ廈門対岸にある戦略上の要地としてだけでなく、敗北の続いていた中華民国、あるいは国民党にとって、〝勝利〟を象徴する場となったのである。それだけに、中華民国は以後、金門島を守らねばならなくなったのであった。だが、この段階の金門は、一定のレガシーのある戦略要地ではあったものの、浙江から福建にかけての沿岸部に点在する中華民国国軍の拠点のひとつにすぎなかった。当時は金門島や福州対岸にある馬祖島以外にも、浙江省沿岸などに中華民国側の拠点があったのである。

一九五〇年六月二五日に朝鮮戦争が勃発すると、人民解放軍の台湾攻撃を危惧したアメリカのトルーマン大統領が、台湾海峡の防衛(中立化)のため第七艦隊を派遣した。これは、国共内戦が国際化されたことを示す。朝鮮戦争とそれにともなう台湾海峡の緊張によって、金門島内部にも大きな変化が生じつつあった。軍政への移行である。金門の成人男性は「責任隊」という軍隊の後方支援組織に編成された。また、青少年や老人は道路の補修、女性たちは看護業務に動員されることになった。そして、朝鮮戦争が終結しても状況は変わらなかった。金門県政府は復活したが、民政は復活しなかった。県政府は、基本的に軍の優位の下で、総動員をおこなう執行機関にすぎなかったのである。

このような金門島の軍事最前線化、そしてそこにおける総動員体制は一九五〇年代を通じて強化されていった。一九五四年から五五年にかけての第一次台湾海峡危機は、米華相互防衛条約締結交渉を牽制するために中華人民共和国が起こした軍事行動により生じた。この条約により、中華民国にとっての勝利の象徴のひとつであった金門島は、米華にとっての「防衛」対象となったのである。一九五五年初頭、中華民国国軍がアメリカ第七艦隊の庇護下で、浙江省の大陳島、一江山島からの撤退作戦を敢行した。これによって、金門島は馬祖島とともに、中華人民共和国と中華民国の対立の象徴的フロンティアとなった。

中国側からは見えにくい金門の東側には岩盤をくり抜いた輸送基地がある．すでに観光地化されているところもあるが，この写真の場所のようにまだ観光資源となっていないところもある（2012年8月，著者撮影）．

アメリカは、蔣介石が企図した大陸反攻を支援しようとしたのではない。あくまでも台湾海峡防衛を考えていたのである。蔣介石から見れば金門島は大陸反攻の前線であったが、アメリカからすれば、台湾海峡防衛のための前線であった。このように米華間の思惑は異なっていたものの、金門島はいっそう重視されることになり、駐留兵は一〇万にも達した。

一九五八年の第二次台湾海峡危機に際しては、攻撃開始日の八月二三日だけで三万発、のべ五〇万発を超える実弾が金門島に降り注いだ。そのため、島の西南部を残して華僑送金によって建てられた洋楼などの景観は破壊された。人々は、現在も破壊されずに残された一部が倉庫などとして使用されている、村々に掘られた防空壕でその砲弾をしのいでいた。これ以後、民衆の動員はむしろ強化され、社会生活の末端に至るまでの動員体制が形成された。興味深いことに、このような動員の強化は、大躍進の下にある、対岸の福建でも共産党によっておこなわれていたのである。

「単打双不打」時代

一九五八年の第二次台湾海峡危機を契機として金門島における総動員体制は強化され、そして制度化された。他方、中国との対立が固定化されると、中国大陸から与えられる脅威もまた制度化された。隔日砲撃、つまり奇数日に砲撃し(単打)、偶数日には砲撃しない(双不打)という政策を中国側が採用し、金門側もそれに応じたのだった。

金門島内では、制度化された隔日砲撃に対して、その砲撃に備え、ターゲットにならないようにするために、たとえば民家の場所や高さを制限したり、防空壕を備えたりするようになった。また、島の経済や生活は駐留軍に依存するようになった。他方、対岸との対立が制度化される中で、一九六〇年代には、対岸の福建省に対して、金門がいかに「近代的」に「発展」しているかを示すための施策もとられた。とりわけ、中国において大躍進や文化大革命をはじめとする国家建設上の困難が見られた際には、福建から見ることができる金門を、まさに正当性のモデルとすることが中華民国にとって必要となったのである。中華民国は、金門をまさに「自由中国」の発展の象徴として対岸に向けて「展示」しようとした。にもかかわらず、興味深いのは、政府や軍が金門を辺縁に位置する未開地とみなしていたことである。本来なら、「僑郷としての近代」を謳歌し、独自の「近代性」を有していたのだが、軍事最前線と化した金門は、金門人から見れば辺縁であった台湾に遷った中華民国から逆に周縁化されたのである。

金門の対岸への「展示」は建設物などだけでなく、ラジオや拡声器も用いられた。また時には宣伝砲弾、風船や宣伝ブイも活躍した。そうしたものには、食糧はもちろんのこと、中国大陸で不足しがちな石鹼や衣料、時計などといった物資がくくりつけられていた。もちろん、同じようなものは福建から金門にもやってきた。だが、双方の住民たちはともに、そういったもものには手をつけないようにしていたようである。老人たちの回想を聞いても、対岸からきたものには毒が入っている、などといわれていたので、まったく相手にしなかったという。

一九七九年一月に米中が国交正常化するに際しては、米軍の台湾からの撤退などが条件とされていた。中国政府は、台湾統一のためのメッセージを台湾側に伝える意図もあり、金門島への隔日砲撃を停止した。だが、これは金門島内部の動員体制にはさほど大きな影響を与えなかった。軍事最前線としての金門を維持することは、もはや対岸からの脅威にいかに対処するかということではなく、戒厳令下にある台湾における中華民国の、あるいは国民党の体制を維持するためのひとつの象徴的な装置となっていたのであった。

ネズミの尻尾

金門島の郷村を「立ち遅れた」伝統社会だとみなした中華民国が島内でおこなった政策の中で、「僑郷としての近代」の時代には解決できなかった問題を解決してみせたものもあった。それは金門を苦しめたペストの撲滅である。一九四〇年代後半にこの島で猛威を振るったペストは、金門島を防衛する中華民国国軍にとっても脅威だった。その解決にあたり、国軍は一九五〇年代半ばから島民への衛生教育をおこない、ネズミの駆除を進めながら、対策を練った。

そこで展開されたネズミ撲滅運動では、「一カ月で一人あたり一匹のネズミをとらえること」がノルマ化され、その証拠としてネズミの尻尾を提出することが求められた。ノルマが未達成なら罰則の対象となり、強制労働を課せられることもあった。

興味深いことに、このような有害動物とされる生き物をとらえる運動、それに関するノルマと罰則といった手法は、大躍進下にある対岸の中国でも同時期に見られていた。分断国家ではしばしばこのような「鏡」のような事態が出現する。この運動は確かに金門島のペスト問題には効果的だった。だが、金門島では興味深い現象が発生した。ネズミの尻尾市場の出現である。ネズミを捕まえるのが面倒な人がそれを買ってノルマを達成したのである。このような市場の出現には、国軍の軍人たちにもネズミの尻尾の確保が義務付けられていたことも背景としてあった。ネズミの尻尾の用途は拡大し、贈答品やわいろに使われたりした。そして、民衆の中にはネズミの尻尾を切って複数にしたり、模倣品をこしらえたりした者もいた。やがて、人々はネズミをとらえると、尻尾だけを切って逃がしてしまうようになった、という。またあるいは、雄は殺すが、雌は殺さなかった、という話もある。ネズミの尻尾の市場が、まさに生計を支える一部になっていたからである。このネズミ捕獲運動は一九九〇年代初頭まで続けられた。

金門島には尻尾のないネズミが多く見られたという話もあるが、このようなネズミの尻尾市場の形成や、ネズミを生かしておくといった知恵などは、動員体制に対する民衆によるひとつの「抵抗」と見ることもできるかもしれない。同時にネズミ捕獲運動という体制側の政策があってこそ生活が成り立つ点で、体制に依存しているということもいえるであろう。

総動員下での「僑郷」

金門が軍事最前線基地となって動員体制が強化される中で、一九四九年以前に育まれた華僑の輩出地、僑郷としての要素はどのようになったのであろうか。実際、一九四九年以降、ヒトの移動は大きく後退した。金門島の人々の移動は自由でなかったし、金門で流通している紙幣は台湾とも異なっていた。だが、海外の金門島出身者と島との往来が完全に絶えたわけではなかった。

もちろん、軍事最前線となった金門島に自ら志願して戻る人は決して多くなかった。だが、海外の金門出身者が、動員体制に組み込まれずに、金門島の親戚に会うことは可能だった。たとえば、彼らが華僑の身分で、華僑として祖国の前線を慰問する「慰問団」に入るという方法があった。また、検閲はあったが、手紙の往来も可能であった。

他方、インドネシアをはじめとして、戦後の東南アジアなどで発生した中国人排斥運動などにより現地社会に住み続けることが難しくなった華僑たちが相次いで中国に帰国していたが(帰国華僑)、金門出身者も例外ではなかった。だが、彼らの中には、帰郷すれば戦地の動員体制に組み込まれるため金門島に帰ることをあえて拒否し、対岸の廈門に帰る人々もいた。もともと、金門と深い関わりのある廈門には、すでに金門島出身者のコミュニティができあがっていた。そこにまた新たに海外からの「帰国」者が加わったのである。そのコミュニティには現在も二世、三世が残っており、金門島との交流を活発におこなっている。

華僑送金はどうであっただろう。金門島への送金は、従来、廈門経由でおこなわれていた。だが、一九四九年以後、廈門と目の前の金門島の送金ルートは完全に断たれてしまった。それでも海外から金門島への送金は続けられようとしていたし、金門島の人々も少なくとも一九五〇年代にはまだ華僑送金に頼ろうとしていた。また、政府や軍も、自らの金門統治のための財政支出を減らすべく、華僑送金を無視できなかった。だが、東南アジアなどから香港の台湾銀行香港支店を経由し、さらに台北の台湾銀行本店を経由するという、煩雑なルートを通って金門に送られることになったため、また中華民国が東南アジアの諸通貨に対して台湾ドルを高めに設定していたこともあって、華僑送金はそれほど大きな意味をもたなくなってしまった。

それでも金門社会には、「僑郷」としての記憶と、海外の金門出身者との連絡が一定程度維持された。それらが一九九二年の戒厳令の解除以後に、ふたたび僑郷としての歴史が金門の資源として意味をもつ背景となるのであった。

第一〇章　金門アイデンティティを求めて

台湾の民主化と金門

一九八〇年代後半、台湾・澎湖では中華民国が戒厳令を解除し、国民党の一党独裁が終焉して、民主進歩党が合法的に活動を開始した。台湾の民主化である。国民党一党独裁は、中華民国の遷台前後に台湾にやってきた中国大陸の人々(外省人)が、戦前から台湾にいた本省人に対して優位にたつことを意味していた。国民党政権は、日本に五〇年統治された台湾の人々を「中国人」として再養成し、台湾を大陸反攻の基地とすることを台湾統治の基本政策としていた。蔣介石が一九七五年に、その息子の蔣経国が一九八八年に他界したのだが、基本的に蔣経国の下で、国民党は一党独裁から民主化へと舵をきったわけである。これは台湾の経済発展にともなう中産階級の成長、また粘り強い民主化運動、そしてアメリカからの民主化要請などさまざまな側面から説明できる。

台湾が民主化するということは、人口の八割前後を占める本省人が政治、社会の主人公となることを意味する。これは、たとえば歴史であれば、中国史よりも台湾史を重視するような現象を育んだ。こうした現象は一般に「台湾化」と呼ばれている。この台湾の民主化と、それにともなう台湾化は金門に新たな変容をもたらすことになったのである。

金門の「解放」？

一九九二年一一月七日、金門島における戒厳令が解除された。台湾における戒厳令の解除が一九八七年七月一五日であるから、約五年の差があることになる。台湾の戒厳令は、文字通りの戒厳令と、同じく憲法を停止して動員体制をしく動員戡乱時期臨時条款との二重構造になっていた。一九九〇年代初頭、中華民国は動員戡乱時期臨時条款を解除して憲法を復活させ、また大陸反攻政策を放棄した。それに連動して金門での戒厳令が解除されたのである。

金門では総動員体制が解体され、一〇万以上いた兵士も激減していくことになった。これは一九五〇年代以来の動員体制の終焉を意味し、島民が「解放」されることを意味した。しかし、同時に軍に頼っていた島の経済を危機に陥らせることにもなり、また大陸反攻という国是が放棄された結果、台湾を実質的な「居場所」とした中華民国から見て、金門はまさに辺縁と位置付けられることになった。

前述の通り、金門の産業には金門コーリャン酒や包丁、肉牛などがあるが、それだけでは島民を養うことはできなかった。また、一〇万いた兵も一万強へと減少していき、その軍需品も決して多くなくなった。そうした中で金門は「観光」に活路を見出していった。かつての僑郷であった時代の洋館や三合院の家、軍事最前線であったがゆえに多く残された軍事施設などの「現代遺跡」、さらに軍事最前線だったからこそ残された自然があった。一九九五年、金門県は観光化の推進のために国家公園を新設した。その面積は島の四分の一にも及ぶ。金門国家公園は三合院の家を保存しつつ、民宿として利用し、観光客を呼び込もうとした。

珠山の風景．この村は中国からの砲弾から免れ，比較的よく建築物が残されている．三合院の多くは民宿となっている(2015 年 10 月，著者撮影)．

金門アイデンティティ

戒厳令解除のタイミングが、台湾・澎湖と金門とでは異なっていたことはすでに述べた。このことにも現れるように、台湾・澎湖と金門は歴史を共有していない点が多い。金門島も、一九三七年から日本軍に占領されはしたが、五〇年にわたる日本の植民地統治を受けていない。そして金門島の戦後史の経験が台湾本島の人々とも異なっていたことはここまで縷々述べてきた通りである。

金門の人々は、台湾とは異なる独自の歴史を体験してきた。その経験が金門アイデンティティとでもいうべき意識を育んできた。彼らもまた、「解放」されたことにより、自らの島の歴史を振り返り、新たな自己認識を形成しようとした。それは、たんに島内で隔絶した独立孤高のものではなく、独特でありながらも、一部は中国大陸と、また部分的には台湾と共有できるものとなりつつある。そして、僑郷であった時代に海外に移住した金門人の子孫たちの体験も組み込もうとしている。そのような金門を問い直す動きは、「金門学」という新たな学問的な範疇を生み出した。これは、金門関係者が金門アイデンティティを創出するためのものでもあるが、当事者性が必ずしもあるわけではない、非金門出身者である研究者にとっての、「金門から(中国、台湾、両岸関係、あるいはより広い地域を)考える」場ともなっている。

小三通と金門の変容

二〇〇〇年に民進党政権が成立すると、小三通政策が始められた。三通というのは、中国から台湾側に提示された、通商、通航、通郵を指す。民進党政権はこの提案には応じなかったものの、金門島や馬祖島と対岸の廈門や泉州、福州との間を船で、やがて航空機で結ぶ小三通を実施したのだった。

中華民国が大陸反攻政策を放棄したことで、金門は確かに「解放」された。その金門から見た場合、中華民国の台湾化が進行すれば、金門はふたたび台湾から周縁化される。そして、本当に台湾が独立でもする場合には、福建省に属する金門は切り離されるかもしれない。他方、中国と台湾との関係が緊密になり、直接の往来が活発になれば、金門島は両岸交流の最前線の地位を喪失し、福建沿岸の島に立ち戻ることにもなる。中国と台湾の境界線上にあるこの島の位置付けもまた、きわめて流動的であった。

政治的なスタンスでいえば、金門の人々には台湾で統一派と目される新党や国民党支持者が多い。中国との関係を改善しようとするこれらの政党が勝利すれば、金門の存在意義がふたたび揺らぐかもしれないのだが、台湾独立を志向する民進党に比べれば良いと考えられたのだろう。民進党の勢力が拡大すれば、金門は「台湾」においていっそう周縁化するからである。なお、選挙に際しての投票行動について見れば、金門は独特だ。金門島の各郷村は同姓村であることが多く、個人というより郷村単位の投票行動、また各郷村間の票の取引、とりまとめなどがおこなわれていた。

民進党政権下で始められた小三通は、金門に新たな位置付けを与えた。それは中国と台湾の「両岸」交流の最前線としての位置付けだった。金門島が「観光」を目玉にして生まれ変わろうとするのにはこうした背景があったのである。だが、こうした激動の中で、金門の人々は自らのアイデンティティを問い直していたのである。

二〇〇二年、金門－廈門間の航路が開かれた。金門と中国との関係が復活し、廈門に不動産を購入し週末に訪れて商売をする人々も現れた。また、金門コーリャン酒を大陸に持ち込む運び屋まで見られた。その後、中国の大都市にこの金門コーリャン酒の専売店までできたのだった。

そして、かつての東南アジアなどの親戚との関係が復活し、彼らから金門の学校への寄付などが再開された。このような活力は、まさに歴史の土台の上に、さまざまな意味でのフロンティアとしての要素をいかした金門独自の試みであった。

金門の歴史と辛亥革命一〇〇年

金門島の人々は、自らの近現代史、それも台湾の人々の歴史とは異なる自らの歴史や記憶を意識し、語り始めていた。それは、いわゆる中華民国史に対して形成された本省人を主体とする台湾史では語られない、そしてもちろん中華民国史でも、大陸の中国史でも詳細には語られない歴史であった。興味深いことに、その歴史叙述は「侵略と抵抗」でも、また冷戦下で総動員をおこなった中華民国を責め立てるような断罪史観でもないように映る。中華民国の統治下にありながらも、自らの独自性や特殊性を見出そうとする姿勢が示されている。

このような微妙な金門島の位置付けを物語る行事が二〇一一年に実施された。それは、同年七月、中華民国建国一〇〇年を記念して、金門島と台北で催された「福建省金馬の歴史――回顧と展望――学術討論会」という会議である。ここで福建省というのは台湾側の中華民国福建省のことで、金門県と馬祖を含む連江県を管轄している。中華民国福建省政府は金門に置かれている。

金門に駐屯していた国軍の胡璉将軍のアイディアで金門コーリャン酒の生産が始められたといわれている．現在は島の貴重な産業であり，県政府の財源でもある(2011年4月，著者撮影)．

著者もこの会議に参加したが、会議の冒頭、薛承泰福建省主席が「中華民国一〇〇周年を祝うのなら、金門・馬祖が最もふさわしい」と述べた(1)。なぜ金門・馬祖が中華民国一〇〇年を祝うのに最もふさわしいのだろうか。

一九一二年に成立した中華民国が、（たとえ日中戦争中の日本占領期、あるいは汪精衛政権の統治期があるにせよ）一〇〇年にわたって統治してきたのは、この金門と馬祖しかないのである。目下、中華民国の主たる実効支配領域は台湾と澎湖、そして金門、馬祖であるが、その台湾と澎湖は日本により五〇年統治されていた。中国大陸では中華民国の統治は一九四九年に終わった。だからこそ、中華民国一〇〇周年を祝う資格があるのは金門と馬祖だけということだ。

だが、このシンポジウムは孫文や三民主義を称えるための場ではないし、中華民国の一〇〇年を回顧するものでもない。金門・馬祖の主張する民国一〇〇年は、要するにこれに仮託して、自らの歴史の独自性を主張するための「口実」であった。共産党やかつての国民党の編む中国史とも、また民主化以後の台湾で主流となってきた台湾史とも異なる歴史の磁場が、この中華人民共和国と中華民国の統治のフロンティアとでもいえる領域に存在している。

金門学からの問い

一九九〇年代に台湾での民主化の過程で台湾史が叙述され始め、その歴史をアイデンティティの根源のひとつにしようとした動きが生じたように、金門では金門史や金門の社会風俗を独自のものとみなし、アイデンティティを確立しようとする学問が育まれた。台湾政治をめぐって族群（エスニック・グループ）を議論するときにも、外省人、閩南系、客家系、「原住民」に次ぐ、第五の族群として金門人を意識することが見られるようになったが、こうした政治的な動きと「金門学」は関連性をもつ。

金門島から考える金門学の場は、国立金門大学のような学術教育機関における金門研究だけでなく、金門の郷土史家や作家らによって作られてきた。そして、毎年金門学の学会が、郷土史家らも交えながら金門や台湾で開かれるようになった。また、そこにはさらに金門から東南アジアや日本などへと移民した金門人の子孫たちも加わっていた。さらに、その「金門から考える」ことの意義は世界からも注目された。その契機は、マイケル・スゾーニが二〇〇八年に刊行した『冷戦の島――前線の金門島』[2]だろう。この著作は、世界的な冷戦の下、東アジアで展開された「熱い戦争」の、さらに最前線にある金門島の社会にとって、この冷戦とはどのような意味をもったのかということを解明し、ミクロな空間から、国家、東アジア、そして

珠山は薛氏の単姓村．毎年冬至になると一族の祭祀がおこなわれ，中国などからも親戚が集まる（2015年10月，著者撮影）．

世界的な冷戦を見据えたものである。この著作は金門をフロントライン、つまり前線に位置する島として描いているが、冷戦が終わり、二つの中国の軍事対立が緩和されても、金門は中国と台湾の交流の前線として、フロンティアであり続け、かつ新たな自己認識を育もうとしていた。

二〇〇八年に馬英九政権が成立すると、中国と台湾との間には数多くの直行便が就航するようになった。金門は中国と台湾を結ぶ主要窓口ではなくなったのである。だが、現在、多くの中国人観光客がこの島を訪れ、軍事遺跡を見ながらかつての「対立」の時代を懐かしんでいる。

著者がよく訪れていた島の西南部の珠山という郷村では、毎年冬至になると薛一族の宗廟の祀りが催される。そこには、海外に移民した薛姓の子孫たち、そして中国大陸へと帰国した中国籍の薛氏の子孫などが姿を見せている。

終章　運動体としての中国をとらまえること

フロンティアからの観察

本書では、二〇〇八年から一三年にかけての中国の対外政策や、対外関係の変容について、「フロンティア」から観察することを試みた。フロンティアというのは、まさに中国の政策が実施され、また人々が辿り着き、社会にさまざまな変容が生じている現場、ということになる。具体的な空間としては、ザンビア、マラウイなどのアフリカ諸国、ベトナムやミャンマーやそれらとの国境地域、また中国国内の外国人コミュニティや金門島のような中華圏内の境界線に言及してきた。

著者がフロンティアに拘ったのは、中国政府による中国語の言説、また中国の世界進出をめぐる英語や日本語による批判的な言説の双方に対して疑義を有していたからである。中国外交史を専門としてきた著者ではあるが、中国外交文書を扱うに際しても、可能な限りその問題が生じた場に行き、現地での言説などと外交文書の内容との差異や視線の違いを意識するようにしてきた。ここでの試みもそうした歴史研究の手法を援用したということである。実際、そうしたフロンティアの現場で生じていたことは、中国の世界進出とされる現象がいかに複雑で、また多様な側面から構成されているかということを示すのに十分な事象であった。簡単にいえば、中国の「走出去」政策ですべてが説明できるはずもなく、相手国側の、つまり現地の事情、また中国内部のそれぞれのアクターの事情があった。中国が官民一体となって世界進出をおこなっている、というほど単純なことではないのである。

二〇〇八年から一三年という時期

本書で取り上げた二〇〇八年から一三年という時期も、中国の対外政策、世界との関わり方を考える上で重要な時期であった。この時期は胡錦濤政権の後半期にあたり、経済発展を重視した国際協調路線である「韜光養晦」というスローガンを少なくとも言葉の上では維持しながらも、世界第二の経済大国として、きわめて積極的な外交を展開し始め、とりわけ「核心的利益」とされる領土については決して妥協しない姿勢を示していた。習近平政権の対外政策の前提が見られ始めた時期だといっていい。実際、二〇一三年初頭から、ASEAN議長国であったブルネイに対し、領土問題を抱えるフィリピンを除いた九カ国をASEANとみなすといった発言もあったという。

この時期には中国の人々も海外へ、それまで以上に積極的に移動し始めた。第三章で取り上げた『非洲』という雑誌などは、まさにそうしたヒトの移動も政府の旗振りで進められたようであるし、また第一章で取り上げた「保定村」の言説を見ると、官と関わりのあるエージェントの存在があったこともうかがわせるが、実際の農業移民の姿やアフリカの中国人社会の様子を見れば、必ずしも官民一体とはいえない面があったことは明らかだった。

この時期の中国の対外政策の変容は、経済大国として中国が強硬になったということだけを意味していない。一面でリーマン・ショック以後の先進国の経済低迷、資源価格の高騰にともなう新興国の躍進と軌を一にしていたのである。チャイナ・マネーや中国企業による開発は、多くの問題を孕みながらも途上国などから歓迎され、また世界経済を下支えしたのだった。

世界秩序と中国

中国が世界秩序にいかに関わるのかということは確かに大きな課題だ。少なくとも胡錦濤政権の後半期には、中国はまだ世界秩序に正面から挑戦しようとはしていなかっただろう。先進国が作った世界秩序の大枠に従いながら、自らの国益に照らして有利であればその秩序の支持者になり、自らにやや不利であれば途上国の立場からその修正を迫り、そして明らかに国益に不利ならその秩序には関わらないか反対する、というのがこのころのスタンスだった。

援助の世界でも、中国というドナーの出現は新たな課題となっているが、この分野での中国のスタンスは、発展途上国に寄り添いながら、先進国の作ってきた秩序の修正を迫るというもののようだ。OECDの下にある先進国のドナーグループの組織であるDAC(開発援助委員会)も、中国との対話を進めているし、アメリカやEUも、援助の面で中国との対話枠組みの形成に余念がない。だが、中国がこの援助の世界でも影響力を発揮し始めているのは、その資金力が大きいということだけでは説明がつかない。

中国の対外援助は南南協力という言葉に代表されるように、途上国から途上国への援助というスタイルをとっている。先進国から途上国への支援とは異なるということだ。それだけに、人権や民主化などの面で交換条件をつけないし、先進国にありがちな煩雑な手続きは見られない。そして、中国の援助では、品質については先進国より劣っていても、迅速に建設を進め、指導者の任期内にインフラ建設プロジェクトを幾つも成し遂げることができる。こうした点は、援助を受ける政治家や政権からすれば大きなメリットだ。

第四章、第五章で扱ったマラウイの事例は、なぜアフリカの途上国が中国を受け入れるのか、ということを如実に示している。台湾はある意味で先進国型の援助をおこない、マラウイの需要に十分に応えられなかった面がある。無論、中国の資金力、投資や貿易と一体化した援助のインパクトなど、中国のパワーにマラウイが惹きつけられた面もある。だが、中国型の援助や経済支援の性質がアフリカなどで歓迎されている点も看過できない。

他方、中国は、過度な期待が寄せられることに警戒もしている。中国国内からは海外への援助についてさまざまな意見がある。国内経済が悪化したとき、対外援助に巨額の経費を使用することに疑問が呈されることは、多くの国で見られる現象である。中国も例外ではない。中国は、こうした期待を理解しつつ、国内からの疑義をかわしながら、適切なタイミングで、適切な援助をおこなわねばならない。これは相当に手間暇のかかる作業である。

中国と周辺諸国との「連結性」

二〇一三年一〇月に習近平が周辺外交工作会議を開き、「周辺外交」の強化を謳ったことは広く知られている。この会議は陸と海のシルクロード戦略の二つをあわせた「一帯一路」政策形成の原点となった。だが、周辺外交自体は一九八〇年代から開始され、江沢民期に国境問題解決などその基礎が作られて、胡錦濤期に入って周辺外交という政策として練り上げられたと見ることができる。

この周辺外交は、中国国内の周縁地域の開発や経済振興と表裏一体であった。国境貿易が盛んになることは周縁地域の経済発展につながったのである。メコン開発などはその典型だった。それだけに、経済発展を重視する中国の対外政策の下では、周辺地域との経済関係の進展が見られたのである。だが、胡錦濤政権期の後半に中国は海洋進出を強化し始め、加えて領土問題では譲歩しない姿勢を示し始めていた。

本書では、第六章で南寧の中国・ASEAN博覧会の様子、また第七章で雲南とミャンマー国境の状況を見た。東南アジアをはじめとする周辺地域は中国経済への依存度を高めており、対中関係はきわめて重要になっている。だが、経済関係が重要だからといって、政治外交関係においても対中依存を強めるというわけではないし、中国の思惑通りに関係が築けるわけでもない。「南博」は確かに「ASEAN＋1(中国)」における重要で象徴的な場であり、首脳会談もおこなわれる。しかしながら、この場は必ずしも中国とASEANの経済関係の緊密さを示す場とはなっておらず、むしろASEAN諸国の中国向け輸出品の陳列所であると同時に、中国の国有企業、とりわけ国際的なインフラ事業を担当する国有企業の宣伝の場であった。

実際、中国とASEAN諸国の貿易はあくまでも海路が中心であり、陸路でのコネクティヴィティの向上がどれほどの経済的な効果を意味するのか、慎重な検討が必要だろう。だが、国境をまたぐ陸路がつながっているということがもたらす心理的な影響は看過できないものと思われる。

相手国の国内事情と中国の多様性

しかし、第七章で取り上げた中国とミャンマーとの関係がそうであるように、たとえコネクティヴィティが確保され、政府間関係が良好であっても、相手国の国内情勢によって関係が変容することもしばしば見られる。これはアフリカの事例にも見られたことだが、中国との関係をいかに築くかということは、相手国の事情による。中国側にも意向があるのは確かだが、それだけで関係性は規定されない。それは当たり前のことであるが、「中国の世界進出」にまつわる議論では、中国が主語にされ、中国側の事情だけで語られてしまう傾向がある。

中国自身もまた、相手国の国内状況やその地域の国際政治の「隙間」や「ひずみ」に注意を払っている。マラウイの事例にあるように、南部アフリカ地域の国際政治やザンビア内部の政局を踏まえて、中国はマラウイに接近した。中国といかに関わるのかということは、世界各地の地域の国際政治にとってひとつの争点であり、また世界各地の国内での選挙などでも争点になる。それを利用しながら、中国は世界各地に広がってきた。そして、中国は国際社会のニッチに浸透してきた。本書で扱った時期にはまだその傾向が見られた。西側諸国が制裁している国や地域、治安が悪化して人員を駐在させられない国や地域に中国は広がっていった面があるのだが、それだけにリスクもある。リビアからの撤退などはその一例である。

他方、中国側も一枚岩ではない。南寧当局には中央政府とは異なる思惑があるし、南寧の人々にも東南アジア諸国、特にベトナムとの関係の進展にはアンビバレントな感情がある。ベトナム戦争の際には、家庭に分配される缶詰を供出してまで北ベトナムを助けてきたというのに、ベトナム人から感謝されていないことへの強い不満があると南寧で何度も耳にした。ベトナム人の認識は確認していないが、さまざまな思惑があるのは確かだ。ミャンマーと中国の国境地帯には、歴史的に翡翠貿易をおこなってきた人々がおり、彼らからすれば国家間関係によって自らの活動が左右されることは必ずしも歓迎されない。そして、雲南省と広西チュワン族自治区との間には、対大陸部東南アジア諸国との関係作りの面で競争関係がある。

国家、省、地域社会、それぞれに立場がある。国有企業とローカルな私営企業とではスタンスも異なるだろう。中国とベトナムなどとの国境地帯に行くと、国有企業の車が通関などの面で優遇措置を受けていることに気づかされる。資本の配分だけでなく、さまざまな許認可で優遇を受けているのが国有企業である。ただ、国有企業にはさまざまなノウハウが蓄積されており、海外でインフラ建設を受注しても、現地社会とコンフリクトを起こす比率は私営企業よりも少ないという話も耳にする。こういった個別の事例を定性的に検討していくことが今後求められよう。いずれにせよ、中国の多様性ということは、「中国」をいかに見るのかという意味で、看過できないことである。

そして、中国がこの多様性を担保していることこそが中国の強みにもなっていることを忘れてはならない。東チモールの事例にもあったように、過酷な生活を強いられつつも、小さなスペースに寝泊まりしながら行商でわずかな稼ぎをあげていく中国人もいれば、南寧の博覧会にブースを出す大企業の人々までいる。そういった多様性が、世界のさまざまなニーズに対応できる「中国」を作り出しているのである。そして、その多様な中国は政府の号令ひとつで動くというものでもない。

こうした点では、第二章で取り上げた広州のアフリカの人々に対する現地社会の対応も興味深い。海外にさまざまな階層の中国人が出ていったとしても、中国にいる人々からすると外国人居住者が増えていくことに対して心の準備ができているわけではない。これも中国の多様性のひとつだろう。

メディアの論調

第八章で見た東チモールの事例もそうであったが、欧米や日本のメディアは「中国の世界進出」に対してしばしば警戒的である。それに対して、中国のメディアは当然ながら外国の報道を批判し、中国の正当性やその対外行動の妥当性を述べている。オーストラリアや日本のメディアは中国の東チモールへの関与を警戒的に報道していたが、中国メディアは「中国は良いことをしている」というスタンスになる。

第八章の東チモールの事例で見たように、日本語や英語のメディアで述べられていることも、確かにその通りであった。大統領府も外務省も中国が建設していた。また確かに二隻の船が中国から東チモールに渡ろうとしていた。しかし、メディア報道で想定されているのは、ディリの街が「中国化」していたり、あるいは東チモールへの強い影響力を中国がもつようになるといったイメージではなかったか。だが、実際のところ、中国が建設した大統領府などの外観は決して威圧的でもなく、また艦船についても安全保障のバランスを崩すほどのことでもなかった。すなわち、中国の東チモールへの直接的な影響力が極端に高まったわけでもないし、現地社会から強い警戒論が聞こえてきたわけでもない。資源開発の面でも、採算がとれそうにないと中国は関与を強めない。そして、現地の華僑が中国語や中国文化を広げるための孔子学院の設置を中国大使館に求めても、その効果に疑義があるとして大使館側はその要請にいい返答をしない状態であった。

無論、南シナ海や東シナ海のガス田開発がそうであるように、採算が合わなくても、重要な主権問題に関われば、中国はさまざまな事業を展開し、自らの主張を正当化する。東シナ海のガス田開発についても、中国が中間線の西側でガス田開発をおこないながら、開削地を軍事拠点化しているのに対し、中間線の東側では日本側の企業はガス田開発をおこなっていない。採算がとれない、というのがその理由だという。中国側では採算がとれているというわけではなかろう。だが、主権に関わる表現として必要だと判断されれば、経済的には不合理とされることも、政治判断で実行するということになる。南シナ海でもそうであろう。南シナ海での中国の行動を資源開発から説明する向きもあるが、実際的には安全保障、主権に関わる問題、シーレーン、あるいは過去の指導者がなし得なかったことをおこなって正当性を高めるという指導者の政治的判断、などといった要因のほうが大きいだろう。つまり、経済的合理性だけではなく、政治面を含む総合的な「合理性」に基づいた判断を中国はしているといえる。

チモール海には直接的に主権に関わる問題はない。それだけに、経済的な合理性を無視して資源開発をおこなうことはしない。無論、インド洋から太平洋に抜けるルートを考えれば、チモール海が重要であることは言を俟たない。また東チモールへの関与強化は、インドネシアという東南アジアの大国への、またアメリカの同盟国であるオーストラリアの南シナ海など北側への進出の楔にもなる。そうした地政学的な重要性があることは確かである。また、国際貢献を大国としての責務とみなしている中国はPKO大国となりつつある。二〇〇〇年以来、中国は東チモールに文民警察を派遣している。国際社会の関心が集まるこの東チモールでプレゼンスを高めることは、中国の国際的地位をあげていくと考えられている面もあろう。かつて内政干渉を忌み嫌い、内政不干渉を対外政策の主軸に据えた中国であったが、いまや「創造性介入」という語などを用いながら、諸外国の平和構築などに関与するようになった。相手国が望み、国際社会も認め、中国もできることであればおこなう、ということである。このような諸条件を勘案して東チモールへの比較的厚い関与をしていると見てとれる。

中国には中国なりの理念やスタンス、行動がある。それが日本にとって受け入れられるか否かは別問題である。たとえ、それがいかに利己的に思えようとも、まずはその理念やスタンス、行動を中国に即して理解することが必要である。理解した上で受け入れるべきは受け入れ、同調すべきは同調し、反論すべきは反論すること、それこそが有効な中国との対峙であろう。ただ批判一本槍になることは中国理解にとっては好ましくない。

台湾という要素、そして金門

日本が日清戦争で勝利し、下関条約で台湾と澎湖諸島が日本に割譲されたことが台湾という島の歴史を大きく変えることになった。日本統治の五〇年間で台湾アイデンティティが次第に形成されたが、戦後になって中華民国政府が台湾に遷ったことで、台湾には外省人社会と本省人社会の二重構造が形成された。戦後日本は外省人を中心とする中華民国と、戦前来の台湾人社会との双方に関わった。これは、日華・日台の二重関係ともいえる。

当初、主に外省人で構成されていた国民党は、台湾で戒厳令をしき、事実上の独裁政権として統治をおこなった。その後、台湾では一九八〇年代から民主化が進み、一九九〇年代初頭には大陸反攻も放棄されたのだった。一九九六年には最初の大統領(総統)選挙がおこなわれ、二〇〇〇年には民進党への政権交代が生じたのである。本書で扱ったマラウイの事例は、二〇〇八年にふたたび政権が国民党の馬英九に移る直前のことであった。

中国から見れば、台湾統一は最後の悲願である。武力統一も辞さないかもしれない。だが、二〇〇八年からの馬英九政権の時期はやや特殊であった。馬英九政権は、民進党政権が進めて

スワジランドの中華民国大使館(2009 年 3 月，著者撮影).

スワジランドの王室とも中華民国は良好な関係を有しており，現在も技術協力などが実施されている(同上).

いた小三通を拡大した三通政策を採用し、その結果、中国と台湾の間で日々多くの航空機が往来することになった。世界で展開していた承認国争いも停止した。台湾側はこれを「外交休兵」と呼んだ。マラウイの事例は、まさに馬英九政権成立前の最後の承認争いの結果だった。現在では、ガンビア、サントメ・プリンシペも北京と外交関係をもち、アフリカではスワジランドとブルキナファソだけが中華民国と外交関係を有している。

他方、第Ⅳ部で取り上げた金門島という中国と台湾との間のフロンティアから見た場合、双方の関係の変容が乱反射した新たな歴史の展開が育まれていた。二〇〇〇年の民進党政権が始めた小三通は、金門島を中国と台湾との交流の窓口にした。これは金門にとっては中国とも台湾とも異なる新たなアイデンティティとなった。中華圏の内側にできた裂け目にある金門島という場で、新たなフロンティアが形成されたことを意味する。あるいは軍事最前線という意味でのフロンティアに、新たな息吹が吹き込まれたということでもある。中国のフロンティアは中華圏の内側にも数多く存在し、それぞれ変化している。それが中国のこれからの歴史にどのようなダイナミズムを与えるのか、この点は中国の世界進出とされる現象とともに大切なことであろう。

中国という運動体のフロンティア

本書では、「中国の世界進出」とされる現象をアフリカ、東南アジアなどの周辺、そして金門島というフロンティアから検討した。著者はこれまで、近代中国でいかに「中国」が歴史的に形成されてきたか、また中国の国境がいかに「揺らいできたか」ということを論じてきた。(1)中国という国家の境界の形成や揺らぎも確かに重要な論点なのだが、本書で論じた「中国の世界進出」とされる現象の生じるフロンティア、中国経済の発展にともなう社会変容のフロンティア、中国・台湾関係の変容のフロンティアといったこともまた、重要な論点となろう。

中国については常に「等身大の中国」を捉えるべきだとされるが、現在は、その「等身大」

がそもそも何なのかわからない。実体としての等身大があって、それに近づくということではなく、そもそもその等身大なる中国があるのかどうかということが問題だ。「中国」とは、中国を中国たらしめる運動体であると見ることもできる。そうした意味で本書はその運動体の活動の輪廓の一部を切り取ろうとしたものだともいえる。そこでは、北京という、「中国」の中心の言説とも異なる、また中国を外から見る外国メディアの視線とも異なる状況が見られるのではないか、そしてそのフロンティアにこそ中国の「揺れ動く」輪廓が立ち現れているのではないか、というのが本書の問題提起である。運動体を捕捉するのは難しいが、本書が少しでも読者の「中国」理解の糧となればこの上ない喜びである。

注

第一章

（1）Deborah Brautigam, *The Dragon's Gift: The Real Story of China in Africa*, Oxford University Press, 2011.

（2）http://www.nextone.jp/no070315/va/va04.html［二〇〇九年六月二〇日アクセス、二〇一七年一月三日アクセス不能］。

（3）http://nc.people.com.cn/GB/4653293.html［二〇一一年六月六日アクセス、二〇一七年一月三日アクセス不能］。

（4）"China's new export: farmers", *Independent*, Dec.29, 2008. http://www.independent.co.uk/news/world/asia/chinas-new-export-farmers-1215001.html［二〇一七年一月三日最終アクセス］。

（5）呂子豪「情牵非洲〝保定村〟——記河北省保定市国際商会会長劉建軍」（『中国企業報』二〇〇三年六月三日）。

第二章

（1）義烏については、伊藤亜聖の一連の業績が特に参考になる。「「義烏」のジレンマと発展のダイナミクス——安物雑貨供給システムとしての発展」（『三田学会雑誌』一〇三巻一号、二〇一〇年四月）。また、中国在住のアフリカ人も、日本の学界で研究対象となっている。たとえば、栗田和明は広州に定住したタンザニア人のケースを紹介している。栗田和明『アジアで出会ったアフリカ人——タンザニア人交易人の移動とコミュニティ』（昭和堂、二〇一一年）。

（2）許濤「広州地区非洲人的社会交往関係及其行動邏輯」（『青年研究』二〇〇九年五月号）。

（3）「広東のアフリカ商人たち」（トリスタン・コロマ〈Tristan Coloma〉特派員、七海由美子訳、ル・モンド・ディプロマティーク日本語・電子版、二〇一〇年五月号、http://www.diplo.jp/articles10/1005.html［二〇一七年一月三日最終アクセス］）。

（4）韓方明「以開放和包容的心態度看待在広州的非洲人問題」（『南方日報』二〇一〇年一二月三〇日、http://opinion.nfdaily.cn/content/2010-12/30/content_18875047.htm［二〇一二年六月五日アクセス、二〇一七年一月三日アクセス不能］）。

（5）“EVENING UPDATES: Nigerians in China send SOS to Yar' Adua on xenophobic attacks, embassy reacts”, *PUNCH* on the web, July 16, 2009. http://archive.punchng.com/ViewComments.aspx?theartic=Art2009071617582569Ç［二〇一二年六月五日アクセス、二〇一七年一月三日アクセス不能］。

（6）“732 Nigerians languishing in Chinese prison”, *VANGURD*, Sep. 21 2009. http://www.vanguardngr.com/2009/09/732-nigerians-languishing-in-chinese-prison-keshi/［二〇一七年一月三日最終アクセス］。

（7）「尼日利亜官方逮捕数十中国人――疑為報復行為」（『捜狐新聞』二〇〇八年一〇月三〇日、http://news.sohu.com/20081030/n260336505.shtml［二〇一二年六月五日アクセス］）。

（8）「八十同胞獲釈十余人仍被扣」（『広州日報』二〇一二年五月二五日、http://gzdaily.dayoo.com/html/2012-05/25/content_1714230.htm［二〇一二年六月五日アクセス、二〇一七年一月三日アクセス不能］）。

第三章

（1）「中国願与非洲兄弟共渡難関――訪問全国政協副主席、中国非洲人民友好協会会長阿不来提・阿不都熱西提」（記者：果永毅、『非洲』創刊号、二〇〇九年九月、一〇頁）。

（2）「封面閲読：《非洲》雑誌」（二〇一〇年七月一二日、http://travel.sina.com.cn/news/p/2010-07-12/1411139538.shtml［二〇一七年一月三日最終アクセス］）。

（3）「《非洲》雑誌社二〇〇九年創刊時的宣伝片」（http://video.sina.com.cn/v/b/78630174-1880003783.html［二〇一二年八月一日アクセス、二〇一七年一月三日アクセス不能］）。

（4）この雑誌の内容はウェブ上でも確認できる（http://www.chinafrica.cn/english/index.htm［二〇一七年一月三日最終アクセス］）。

（5）「新版《中国与非洲》（英文月刊）暨中非合作論壇部長級会議専刊創刊」（二〇〇九年一一月五日、http://www.gmw.cn

/01gmrb/2009-11/05/content_1003517.htm［二〇一七年一月三日最終アクセス］）。

（6）「国家主席胡錦濤為新版《中国与非洲》創刊号致辞」（二〇〇九年一一月五日、http://www.gov.cn/ldhd/2009-11/05/content_1457443.htm［二〇一七年一月三日最終アクセス］）。

（7）「人民日報海外版非洲週刊同日創刊」（二〇〇九年六月一日、http://paper.people.com.cn/rmrbhwb/html/2009-06/01/content_264698.htm［二〇一七年一月三日最終アクセス］）。

（8）「中非合作論壇部長会綜述：中非友好合作再迎盛会」（二〇〇九年一一月四日、http://www.gov.cn/jrzg/2009-11/04/content_1456681.htm［二〇一七年一月三日最終アクセス］）。

（9）第二章でも広州のアフリカ人について紹介したが、この雑誌でも広州の一〇万のアフリカ人特集（一二号、二〇一〇年八月）、義烏のアフリカ商人特集（一四号、二〇一〇年一〇月）が編まれている。

（10）「特集：アフリカの大地に刻む日本の技術　アルジェリア東西高速道路建設工事を訪ねて」（http://www.kajima.co.jp/news/digest/dec_2008/tokushu/toku01［二〇一二年八月一日アクセス、二〇一七年一月三日アクセス不能］）。なお、本件はその後もアルジェリア政府と日本の企業体の間で工事費の未払い問題などが発生し、日本企業側が国際仲裁裁判所に提訴するに至ったが、二〇一六年になって解決し、提訴は取り下げられた。「鹿島などアルジェリア政府と和解　道路工事未払いで」（『日本経済新聞』二〇一六年八月二日、http://www.nikkei.com/article/DGXLASDZ02HKL_S6A800C1000000/［二〇一七年一月三日最終アクセス］）。

（11）「中国国際工程承包邁入第一梯隊――中信・中鉄建連合体北非築路記」（『非洲』第三号、二〇〇九年一一月）。

（12）「中国汽車跋渉非洲十余年」（『非洲』第五号、二〇一〇年一月）。

（13）「誰在非洲壊了〝中国製造〟名声」（『非洲』第九号、二〇一〇年五月）。

（14）「打撃海盗敵経済学分析」（『非洲』第八号、二〇一〇年四月）。

（15）「中国企業要注意国家形象――本刊独家専訪外交部非洲司司長盧沙野」（『非洲』第一〇号、二〇一〇年六月）。

(16) 中国の対外政策における公共外交の位置付けについては、趙啓正著、王敏訳『中国の公共外交――「総・外交官」時代』(三和書籍、二〇一一年)参照。

第四章

(1)「邦交国」(中華民国外交部ウェブサイト、http://www.mofa.gov.tw/Official/Regions/AlliesIndex/?opno=777f1778-f578-4148-b22a-b62f81be5f57[二〇一六年九月九日アクセス])。

(2) "Bingu speaks on China", *The Guardian*, Feb.5, 2008.

(3) マラウイ政府元国務大臣への電話インタビュー(二〇〇八年三月二六日、於:駐マラウイ日本大使館)、マラウイ外務省高官へのインタビュー(二〇〇八年三月二七日、於:マラウイ外務省)。

(4) "Malawi dumps Taiwan", *The Dairy Times*, Jan.15, 2008.

(5) 注2参照。

(6) 台湾在南アフリカ代表処関係者へのインタビュー(二〇〇八年三月三一日、於:中華民国在南アフリカ代表処)。カツォンガは外務大臣、防衛大臣など要職を歴任していたが、この大統領府議会担当大臣という職は対中交渉を担当するアドホックな職であった可能性がある(東京大学の遠藤貢教授のご教示による)。そうした意味では、それ以前からムタリカ政権は対中関係改善を準備していたということになる。

(7) マラウイ政府元国務大臣への電話インタビュー(二〇〇八年三月二六日、於:駐マラウイ日本大使館)。

(8) "Admin, D.D Phiri Column, Africa and China: Threats or opportunities?", *The Nation*, Oct.19, 2007.

(9) 同席者は、バンダ大臣(エネルギー・鉱山相)、リペンガ大臣(貿易・プライベートセクター発展相)、ムッサ大臣(運輸・公共事業相)らであった。

(10)「中国与馬拉維建立外交関係　在北京簽署聯合公報」(中央人民政府ウェブサイト、二〇〇八年一月一四日、http://www.gov.cn/jrzg/2008-01/14/content_857775.htm[二〇一七年一月三日最終アクセス])。

(11) "Kaliati hits at Taiwan government", *The Dairy Times*, Jan.21, 2008.

(12) "Parliament ready by November", *The Dairy Times*, Jan.

22, 2008.

(13) 注11参照。

(14) 注12参照。

(15) "Malawi dumps baby dragon for its mother", *The Guardian*, Feb.6, 2008.

(16) "China fed up with beggars", *The Nation*, Mar.7, 2008.

(17) 中国大使館関係者へのインタビュー(二〇〇八年三月二六日、於：日本大使館)、メディア関係者へのインタビュー(二〇〇八年三月二七日、於：リロングウェ市内)。

(18) "China to Open Tobacco Factories", *The Guardian*, Mar.17-18, 2008.

(19) "Malawi, Beijing to sign 6 agreements", *The Daily Times*, Mar.28, 2008; "Govt to sign six packs with China", *The Nation*, Mar.25, 2008.

(20) "Malawi, Beijing to sign 6 agreements", *The Nation*, Mar.25, 2008.

(21) "Malawi China sign KARONGA/Chitipa road agreement", *The Dairy Times*, Mar.27, 2008.

(22) 中央人民政府ウェブサイト(http://www.gov.cn/ldhd/2008-03/26/content_929595.htm[二〇一七年一月三日アクセス])。

(23)「馬拉維駐華大使館在京開館楊潔篪主持開館儀式」(中央人民政府ウェブサイト、http://www.gov.cn/jrzg/2008-03/26/content_929487.htm[二〇一七年一月三日最終アクセス])。

(24)「蔣巨峰省長会見馬拉維共和国総統穆塔里卡」(四川大政網、http://sc.dzw.gov.cn/show_doc.asp?id=15084[二〇一七年一月三日アクセス])。

(25)「馬拉維総統表示願與中国加強合作」(新華網、二〇〇八年五月二四日、http://news.sina.com.hk/cgi-bin/nw/show.cgi/106/1/1/748298/1.html[二〇一七年一月三日アクセス不能])。

(26) "Visit of a Chinese Delegation to Malawi", Press Release, Ministry of Industry & Trade, May 11, 2008.

(27)「中馬関係概況」(中華人民共和国駐マラウイ大使館ウェブサイト、http://mw.china-embassy.org/chn/sbgx/t509829.htm[二〇一七年一月三日最終アクセス])、"Chine to buy K 2.1 bn Worth MW tobacco", *The Guardian*, May

16-18, 2008.

（28）「中馬関係概況」同前。

（29）拙稿「マラウイ　中国資金の魅力」（『読売新聞』二〇〇八年五月五日）。

（30）"Chinese medical specialists arrive", *The Guardian*, July 2-3, 2008.

（31）"The communication breakdown at Muzuzu Hospital", *The Daily Times*, Aug.13, 2008.

（32）「中国擬援建馬拉維卡隆加——奇提帕公路項目設計合同及議会大厦項目設計建議合同簽字儀式在馬挙行」（中華人民共和国駐マラウイ大使館ウェブサイト、http://mw.china-embassy.org/chn/sghdhzxxx/t511642.htm［二〇一七年一月三日最終アクセス］）。

（33）"Parliament ready 2011", *The Guardian*, Sep. 9, 2008.

（34）「商務部対外援助項目招標委員会二〇〇八年第三十四次例会」（中華人民共和国商務部ウェブサイト、http://yws.mofcom.gov.cn/aarticle/o/r/200810/20081005853556.html［二〇一七年一月三日アクセス不能］）。

（35）「馬拉維総統穆塔里卡盛賛中国是〝偉大的朋友〟」（外交部ウェブサイト、二〇〇九年一二月一三日、http://www.fmprc.gov.cn/chn/pds/gjhdq/gj/fz/1206_32/1206x2/t633103.htm［二〇一七年一月三日アクセス不能］）。

（36）"Malawi ruler praises China for unconditional aid", *Nyasa Times*, Jan.11, 2012. http://www.nyasatimes.com/malawi/2012/01/11/malawi-ruler-praises-china-for-unconditional-aid/?cp=4［二〇一七年一月三日アクセス不能］。

（37）"Karonga residents bemoan influx of Chinese traders", *Nyasa Times*, Feb.2, 2012. http://www.nyasatimes.com/malawi/2012/02/02/karonga-residents-bemoan-influx-of-chinese-traders/［二〇一七年一月三日アクセス不能］。

（38）"China puts its mark on Malawi", *The Guardian*, May 7, 2011. http://www.guardian.co.uk/global-development/2011/may/07/china-puts-mark-malawi-presence［二〇一七年一月三日最終アクセス］。

第五章

（1）財団法人屏東基督教医院を中心とした活動。非洲馬拉威医療グループと称された。その活動は同院のウェブサイトに掲載されていたが、断交後医療隊も引き揚げたため、ウェブサイトからも削除された(http://www.ptch.org.tw/_private/history/historyindex.htm〔二〇一七年一月三日アクセス不能〕)。

(2)「楊政務次長宣布我中止與馬拉威共和国外交関係記者会答詢紀要」(台湾外交部ウェブサイト、二〇〇八年一月一四日、http://www.mofa.gov.tw/webapp/ct.asp?xItem=28826&ctNode=1099&mp=1〔二〇一七年一月三日アクセス不能〕)。

(3) マラウイ政府元国務大臣への電話インタビュー(二〇〇八年三月二六日、於:駐マラウイ日本大使館)。

(4) 中華民国在南アフリカ代表処関係者へのインタビュー(二〇〇八年三月三一日、於:中華民国在南アフリカ代表処)。

(5) “Malawi dumps Taiwan”, *The Dairy Times*, Jan.15, 2008.

(6)「感覚像回家」(『外交部通訊』二六巻六期、二〇〇八年九月号、http://multilingual.mofa.gov.tw/web/web_UTF-8/out/2606/report_2.htm〔二〇一七年一月三日最終アクセス〕)。

(7) 台北宣言は、台湾のアフリカ諸国への支援とともに、これら諸国が中華民国の国連加盟などを支持する内容となっていた(台湾外交部ウェブサイト、http://www.mofa.gov.tw/webapp/lp.asp?CtNode=1288&CtUnit=302&BaseDSD=7&mp=1〔二〇一七年一月三日アクセス不能〕)。

(8)「「第一届臺非元首高峰会議」馬拉威共和国総統莫泰加閣下致詞稿(英文)」(台湾外交部ウェブサイト、二〇〇七年九月九日、http://www.mofa.gov.tw/webapp/ct.asp?xItem=27034&ctNode=1288&mp=1〔二〇一七年一月三日アクセス不能〕)。

(9) 台湾外交部ウェブサイト(http://multilingual.mofa.gov.tw/web/un/doc/proposal_6_2.pdf〔二〇一七年一月三日アクセス不能〕)。

(10) 注2参照。

(11) “RoC vows to complete Karonga-Chitipa Road”, *The Nation*, Oct.11, 2007.

(12) 注2参照。

(13) “Bingu Snubs Taiwan Envoy”, *The Nation*, Jan. 4, 2008.

(14) 前者の立場は、たとえば“Govt orders Taiwan to pull down flag”, *The Daily times*, Jan 17, 2008 に見られ、後者の

立場は、前掲「楊政務次長宣布我中止與馬拉威共和国外交関係記者会答詢紀要」に見られる。

(15) 注2参照。

(16)「中国与馬拉維建立外交関係　在北京簽署聯合公報」(中央人民政府ウェブサイト、二〇〇八年一月一四日、http://www.gov.cn/jrzg/2008-01/14/content_857775.htm[二〇一七年一月三日最終アクセス])。

(17) マラウイ外務省高官へのインタビュー(二〇〇七年三月二七日、於：マラウイ外務省)。

(18) 元駐マラウイ台湾大使館職員への電話インタビュー(二〇〇七年三月二七日、於：JICA所長公邸)。

(19)「馬拉威後悔與台湾断交」(自由時報電子版、二〇〇九年二月四日、http://www.libertytimes.com.tw/2009/new/feb/4/today-p3.htm[二〇一七年一月三日最終アクセス])。

第六章

(1) 益尾知佐子「世界に飛び立つ南寧——中国の地域主義の展開における広西地方政府の役割」(『中国研究月報』六四－一一号、二〇一〇年一一月)参照。

(2)「博覧会概観」(http://www.caexpo.org/gb/aboutcaexpo/[二〇一七年一月三日最終アクセス])。

(3)「歓迎参加第九届中国－東盟博覧会」(http://www.caexpo.org/gb/exhibitor/[二〇一六年一月三日最終アクセス])。

(4) 南寧市政府X局局長Y氏へのインタビュー(二〇一二年九月一六日)。

(5)「第九届中国－東盟博覧会支持商協会」(第九届中国－東盟博覧会会刊編集委員会編『第九届中国－東盟博覧会会刊』中国－東盟博覧会秘書処、二〇一二年、三二六－三三九頁)。

(6) 以下の状況は、南寧華南城スタッフのT氏へのインタビュー(二〇一二年九月二五日)による。

(7)「温家宝：将在南寧建設中国－東盟商品交易中心」(二〇一一年一〇月二二日、http://news.china.com.cn/rollnews/2011-10/22/content_10758746.htm[二〇一七年一月三日最終アクセス])。

(8)「華南城世界商貿物流中心」(http://www.1668hk.com[二〇一七年一月三日最終アクセス])。

(9) 駐南寧A国総領事館職員へのインタビュー(二〇一二年

九月二五日)。

(10) 対ベトナム貿易企業経営者S氏へのインタビュー(二〇一二年九月二五日)。

(11) 駐南寧A国総領事館職員へのインタビュー(二〇一二年九月二五日)、駐南寧B国総領事館職員へのインタビュー(二〇一二年九月一六日)。

(12) 拙稿「中国の対東南アジア・ASEAN外交——胡錦濤・習近平政権期を中心に」(大庭三枝編著『東アジアのかたち——秩序形成と統合をめぐる日米中ASEANの交差』千倉書房、二〇一六年所収)参照。

(13) 民間交流団体職員F氏へのインタビュー(二〇一二年九月二五日)。

(14) 対ベトナム貿易企業経営者S氏へのインタビュー(二〇一二年九月二五日)。

第七章

(1)「駐緬甸使館挙弁中国遠征軍赴緬作戦七十周年座談会(二〇一二年四月五日)」(http://mm.china-embassy.org/chn/sgxw/t920414.htm[二〇一二年四月一一日アクセス、二〇一七年一月三日アクセス不能])。

(2)「中電投回応緬甸電站被叫停:損失難以估量」(http://www.sinohydro.com/664-1904-525580.aspx[二〇一二年四月二日アクセス、二〇一七年一月三日アクセス不能])。

(3)「習近平会見緬甸総統特使」(http://www.fmprc.gov.cn/chn/pds/gjhdq/gj/yz/1206_23/xgxw/t865940.htm[二〇一二年四月一二日アクセス、二〇一七年一月三日アクセス不能])。

第八章

(1) 商務部対外援助司ウェブサイト(http://yws.mofcom.gov.cn/aarticle/b/d/200610/20061003538662.html[二〇一一年七月二九日アクセス、二〇一七年一月三日アクセス不能])。

(2) 商務部対外援助司ウェブサイト(http://yws.mofcom.gov.cn/aarticle/b/d/200707/20070704877136.html[二〇一一年七月二九日アクセス、二〇一七年一月三日アクセス不能])。

(3) macauhub ウェブサイト(http://www.macauhub.com.mo/en/2008/10/15/5904/[二〇一七年一月三日最終アクセス])。

（4）「防大の国際交流——東ティモールからの留学生」（防衛省ウェブサイト、http://www.clearing.mod.go.jp/hakusho_data/2010/2010/html/mc337000.html［二〇一七年一月三日最終アクセス］）。

（5）「中国－葡語国家経貿合作論壇（澳門）」ウェブサイト（http://www.forumchinaplp.org.mo/zh/2003.aspx）。なお、第一回会議の概要は次の頁に比較的多くの情報がある（http://www.ipim.gov.mo/cn/relation/index.htm［二〇一一年七月二九日アクセス、二〇一七年一月三日アクセス不能］）。

（6）「中国の情報拠点建設を拒否　東チモール」（msn 産経ニュース、二〇一一年五月一〇日、http://sankei.jp.msn.com/world/news/110510/asi11051014090005-n1.htm［二〇一一年七月二九日アクセス、二〇一七年一月三日アクセス不能］）。

第一〇章

（1）「薛承泰：慶建国百年金馬最適合」（二〇一一年七月二三日、http://www.cdnews.com.tw/cdnews_site/docDetail.jsp?coluid=108&docid=101603868［二〇一七年一月三日最終アクセス］）。

（2）Michael Szonyi, *Cold War Island: Quemoy on the Front Line*, Cambridge University Press, 2008.

終章

（1）拙稿「近現代中国における国境の記憶——「本来の中国の領域」をめぐる」（『境界研究』一号、二〇一〇年）、拙著『近代国家への模索　一八九四－一九二五』（シリーズ中国近現代史②、岩波新書、二〇一〇年）など。

あとがき

中国外交史研究を専門とし、外交文書と格闘してきた著者にとって、現在の中国の対外政策を考察することは挑戦的であった。一九九八年三月に北海道大学法学部に奉職し、中国の歴史とともに現代中国について講義することになった。これは大きな変化だった。北海道大学に赴任した時、大躍進から文化大革命、そして改革開放にいたる中国現代史や現代中国のことについては、相当に準備しなければ到底授業などできない状態にあった。ましてや中国の現状については、まったく系統だった話などできるはずがなかった。一九九五年に上海近郊農村で、また一九九八年には陝西省西安市郊外の農村で調査をしてはいたが、断片的な知識しか持っていなかった。

現代中国に関する講義のほか、二〇〇〇年から北京日本学研究センターで教育・研究をおこなうとともに、ＯＤＡ関連の仕事に中国側スタッフとして携わったことも大きな変化であった。何よりも中国側の一員として日本と対峙したことで、中国側のものの決め方、手続き、面倒な制度などに日々接することになった。また、日中双方の政府関係者と話をし、コンサルタントやゼネコンの方々と話をしながら仕事を進め、大平学校の後身である北京日本学研究センターの将来を構想した。この仕事は二〇〇四年はじめまで続いた。突然日中関係の現場に身を置くことになったことは、著者の中国への関わり方を大きく変えることになった。

その後、反日デモが巻き起こり、歴史認識問題が現実の問題として注目された。そして、二〇〇五年にはじめて日中の歴史認識問題に関わる文章を書いた(「歴史認識で「底線」作れ」『朝日新聞』二〇〇五年六月七日夕刊・文化欄)。それまでも台湾の現場について文章を活字にしたことはあったが、中国の現状についてはほとんど書いていなかった。以後、少しずつ現状についても学びながら、活字にしていく機会に恵まれた。また、二〇〇五年に北京大学歴史学系や台湾の国立政治大学歴史学系で教育・研究に従事し、二〇〇九年にアメリカのウイルソンセンターに滞在する機会をいただいたことで、日本からだけではなく多元的な視点で中国を見ることを学んだ。

そして、言及しておきたいのは、中国そのものの拡大と中国研究の変化だ。歴史的に中国の人々は海外に移住していたが、今世紀に入ってからの「中国」の世界との関わりは大きく変化した。世界のどこにでも「中国」が立ち現れるようであった。中国研究もまた、中国語を用いて中国や台湾で議論すればいいのではなく、急速にグローバル化し、英語を用いて欧米で議論する機会が急増した。「世界の中の中国」「世界から見た中国」という課題は、対象としての中国だけでなく、中国研究にも新たな変容をもたらしたのだった。

そうしたこともあって、中国や台湾、香港、マカオや欧米諸国はもとより、アフリカ、東南アジア、そのほかの地域に出かけて中国について考えるようになっていった。本書は、そうした調査の中でも、主にアフリカと東南アジア、そして中国国内の外国人居住区、そして中国と台湾の境界に位置する金門島での調査結果を踏まえて記されている。これらの調査はいくつかの共同研究の下に進められ、また多くの方々のサポートにより実現してきた。

まず、著者は現代中国研究拠点の「中国の対外援助班」(東京大学拠点代表：田嶋俊雄教授、のち丸川知雄教授)のメンバーとして、アフリカ研究の遠藤貢教授、平野克己先生(アジア経済研究所)、中国研究の高原明生教授、松田康博教授らとともに研究班を組織し、アフリカなど各地を訪問する機会を得た。また、共同研究(サントリー文化財団・平成二四年度「人文科学、社会科学に関する学際的グループ研究助成」、「東アジアの地域統合と日本外交の可能性——日米ASEANトライアングル連携」研究代表者：大庭三枝・東京理科大学准教授[当時])で、中国西南部や、中国と東南アジア諸国の陸路の国境を訪れる機会をいただいた。このほか著者自身が得た金門島研究に関する科学研究費を用いて（挑戦的萌芽研究「東アジア軍事最前線の溶解と再生――金門島研究」二〇一〇―一一年、課題番号22653019）、金門島周辺も訪問できた。

これらの調査活動においては、著者に土地勘がなかったことも少なくなく、多くの方からサポートをいただいた。アフリカの調査では遠藤教授から多くの教示をいただいたし、東チモールでの調査も松田教授との共同作業であった。また、アポ取りなどの面でも、現地の日本大使館やＪＩＣＡ事務所、あるいは中国や台湾の関係者から多くの支援をいただいた。記して謝意を表したい。

中国研究者である著者が各地でおこなった調査のうち、本書で取り上げた事例についていえば、金門を除いていずれも短期のものであり、決してじっくりと観察した結果とはいえない。そのために少なからぬ誤謬や誤認もあると思われる。この点は反省しなければならない。ただ、アフリカなどで調査を進めるうちに、調査対象とする地域の中国人コミュニティを理解する上で、また調査を進める上で一種の方法論めいたものができてきたことも得難い経験だったと考えている。

遠藤教授や松田教授と現地を歩きながら、到着するとまず現地の中華レストランに赴き、そのレストランで使用している中国野菜の生産農場を教えてもらい、その生産農場で現地の中国人社会の様子（人口動向など）を教えてもらってからアポ取りを始める、というスタイルもできていった。このような調査を重ねる中でできあがった手法もまた、その有用性なども含めて議論していきたいところである。

なお、本書に採録した諸稿は、二〇一一年から一三年初頭にかけて、月刊誌『UP』（東京大学出版会機関誌）に連載した「中国のフロンティア」の文章を中心に、「マラウイの対台湾断交――背景・経緯・結果」（『問題と研究』第三七巻四号、二〇〇八年一二月）を加え（第五章）、大幅に加筆修正をおこなったものである。また、序章、終章は今回新たに書き下ろした。

月刊誌『UP』での連載に際しては、東京大学出版会の阿部俊一氏に大変お世話になった。「中国のフロンティア」というタイトルも、この連載の名であった。阿部氏からは本書の出版に対しても多大な貢献をいただいた。記して謝意を表したい。また、岩波書店の小田野耕明氏には、本書の出版をご提案いただいただけでなく、『近代国家への模索　一八九四―一九二五』（シリーズ中国近現代史②、岩波新書、二〇一〇年）の時同様に、きわめて適切なタイミングで、もっとも有効なアドバイスをいただいた。本書の刊行はまさに小田野氏があってこそ実現した。厚く御礼申し上げたい。

最後になるが、本書は拙著『二一世紀の「中華」——習近平中国と東アジア』(中央公論新社、二〇一六年)の姉妹編とでもいうべきものである。あわせて手にとっていただければ幸いである。

二〇一七年二月

横浜の寓居にて　川島　真

川島 真

1968年 神奈川県横浜市生まれ
1997年 東京大学大学院人文社会系研究科博士課程
単位取得退学，博士(文学)
現在－東京大学大学院総合文化研究科国際社会科学専攻教授(国際関係史)
専攻－中国近現代史，アジア政治外交史
著書－『中国近代外交の形成』(名古屋大学出版会)
『グローバル中国への道程 外交150年［叢書中国的問題群⑫］』(共著，岩波書店)
『近代国家への模索 1894-1925［シリーズ中国近現代史②］』(岩波新書)
『21世紀の「中華」――習近平中国と東アジア』(中央公論新社) ほか
編著－『東アジア国際政治史』(共編，名古屋大学出版会)
『チャイナ・リスク［シリーズ日本の安全保障⑤］』(岩波書店) ほか

中国のフロンティア
―揺れ動く境界から考える　　岩波新書(新赤版)1652

2017年3月22日　第1刷発行

著　者　川《かわ》島《しま》 真《しん》

発行者　岡本 厚

発行所　株式会社 岩波書店
〒101-8002 東京都千代田区一ツ橋2-5-5
案内 03-5210-4000　営業部 03-5210-4111
http://www.iwanami.co.jp/

新書編集部 03-5210-4054
http://www.iwanamishinsho.com/

印刷製本・法令印刷　カバー・半七印刷

ISBN 978-4-00-431652-7　　Printed in Japan

岩波新書新赤版一〇〇〇点に際して

ひとつの時代が終わったと言われて久しい。だが、その先にいかなる時代を展望するのか、私たちはその輪郭すら描きえていない。二〇世紀から持ち越した課題の多くは、未だ解決の緒を見つけることのできないままであり、二一世紀が新たに招きよせた問題も少なくない。グローバル資本主義の浸透、憎悪の連鎖、暴力の応酬――世界は混沌として深い不安の只中にある。

現代社会においては変化が常態となり、速さと新しさに絶対的な価値が与えられた。消費社会の深化と情報技術の革命は、種々の境界を無くし、人々の生活やコミュニケーションの様式を根底から変容させてきた。ライフスタイルは多様化し、一面では個人の生き方をそれぞれが選びとる時代が始まっている。同時に、新たな格差が生まれ、様々な次元での亀裂や分断が深まっている。社会や歴史に対する意識が揺らぎ、普遍的な理念に対する根本的な懐疑や、現実を変えることへの無力感がひそかに根を張りつつある。そして生きることに誰もが困難を覚える時代が到来している。

しかし、日常生活のそれぞれの場で、自由と民主主義を獲得し実践することを通じて、私たち自身がそうした閉塞を乗り超え、希望の時代の幕開けを告げてゆくことは不可能ではあるまい。そのために、いま求められていること――それは、個と個の間で開かれた対話を積み重ねながら、人間らしく生きることの条件について一人ひとりが粘り強く思考することではないか。その営みの糧となるものが、教養に外ならないと私たちは考える。歴史とは何か、よく生きるとはいかなることか、世界そして人間はどこへ向かうべきなのか――こうした根源的な問いとの格闘が、文化と知の厚みを作り出し、個人と社会を支える基盤としての教養となった。まさにそのような教養への道案内こそ、岩波新書が創刊以来、追求してきたことである。

岩波新書は、日中戦争下の一九三八年一一月に赤版として創刊された。創刊の辞は、道義の精神に則らない日本の行動を憂慮し、批判的精神と良心的行動の欠如を戒めつつ、現代人の現代的教養を刊行の目的とする、と謳っている。以後、青版、黄版、新赤版と装いを改めながら、合計二五〇〇点余りを世に問うてきた。そして、いままた新赤版が一〇〇〇点を迎えたのを機に、人間の理性と良心への信頼を再確認し、それに裏打ちされた文化を培っていく決意を込めて、新しい装丁のもとに再出発したいと思う。一冊一冊から吹き出す新風が一人でも多くの読者の許に届くこと、そして希望ある時代への想像力を豊かにかき立てることを切に願う。

（二〇〇六年四月）

現代世界

フォト・ドキュメンタリー 人間の尊厳　林　典子
女たちの韓流　山下英愛
㈱貧困大国アメリカ　堤　未果
ルポ 貧困大国アメリカ　堤　未果
ルポ 貧困大国アメリカⅡ　堤　未果
新・現代アフリカ入門　勝俣　誠
中国の市民社会　李　妍焱
勝てないアメリカ　大治朋子
ブラジル 跳躍の軌跡　堀坂浩太郎
非アメリカを生きる　室　謙二
ネット大国中国　遠藤　誉
中国は、いま　国分良成編
ジプシーを訪ねて　関口義人
中国エネルギー事情　郭　四志
アメリカン・デモクラシーの逆説　渡辺　靖
ユーラシア胎動　堀江則雄
オバマ演説集　三浦俊章編訳
オバマは何を変えるか　砂田一郎
タイ 中進国の模索　末廣　昭
平和構築　東　大作
ハワイ　山中速人
イスラームの日常世界　片倉もとこ
イスラエル　臼杵　陽
ネイティブ・アメリカン　鎌田　遵
アフリカ・レポート　松本仁一
ヴェトナム新時代　坪井善明
イラクは食べる　酒井啓子
エビと日本人　村井吉敬
エビと日本人Ⅱ　村井吉敬
北朝鮮は、いま　北朝鮮研究学会編 石坂浩一監訳
欧州連合 統治の論理とゆくえ　庄司克宏
バチカン　郷　富佐子
国際連合 軌跡と展望　明石　康
アメリカよ、美しく年をとれ　猿谷　要
日中関係 戦後から新時代へ　毛里和子
いま平和とは　最上敏樹
国連とアメリカ　最上敏樹
人道的介入　最上敏樹
現代ドイツ　三島憲一
「民族浄化」を裁く　多谷千香子
サウジアラビア　保坂修司
中国激流 13億のゆくえ　興梠一郎
多民族国家 中国　王　柯
ヨーロッパ市民の誕生　宮島　喬
東アジア共同体　谷口　誠
NATO　谷口長世
ヨーロッパとイスラーム　内藤正典
現代の戦争被害　小池政行
アメリカ外交とは何か　西崎文子
帝国を壊すために　アルンダティ・ロイ 本橋哲也訳
多文化世界　青木　保
異文化理解　青木　保
デモクラシーの帝国　藤原帰一

社会

岩波新書より

ああダンプ街道　佐久間充
山が消えた　残土・産廃戦争　佐久間充
少年犯罪と向きあう　石井小夜子
自白の心理学　浜田寿美男
原発事故はなぜくりかえすのか　高木仁三郎
プルトニウムの恐怖　高木仁三郎
能力主義と企業社会　熊沢誠
証言 水俣病　栗原彬編
コンクリートが危ない　小林一輔
東京国税局査察部　立石勝規
バリアフリーをつくる　光野有次
ドキュメント 屠場　鎌田慧
現代社会と教育　堀尾輝久
原発事故を問う　七沢潔
災害救援　野田正彰
ボランティア　もうひとつの情報社会　金子郁容
スパイの世界　中薗英助
都市開発を考える　大野輝之　レイコ・ハベ・エバンス

ディズニーランドという聖地　能登路雅子
原発はなぜ危険か　田中三彦
世直しの倫理と論理　上・下　小田実
異邦人は君ヶ代丸に乗って　金賛汀
読書と社会科学　内田義彦
資本論の世界　内田義彦
社会認識の歩み　内田義彦
科学文明に未来はあるか　野坂昭如編著
働くことの意味　清水正徳
一九六〇年五月一九日　日高六郎編
暗い谷間の労働運動　大河内一男
住宅貧乏物語　早川和男
食品を見わける　磯部晶策
社会科学における人間　大塚久雄
社会科学の方法　大塚久雄
農の情景　杉浦明平
ルポルタージュ　台風十三号始末記　杉浦明平
日本人とすまい　上田篤
自動車の社会的費用　宇沢弘文

「成田」とは何か　宇沢弘文
戦没農民兵士の手紙　岩手県農村文化懇談会編
ものいわぬ農民　大牟羅良
死の灰と闘う科学者　三宅泰雄
ユダヤ人　J-P・サルトル　安堂信也訳